Linda Langeheine

Üben mit Köpfchen

Mentales Training für Musiker

MUSIKVERLAG ZIMMERMANN

ZM 00020

Impressum

Langeheine, Linda

Üben mit Köpfchen – Mentales Training für Musiker

© 1996 Musikverlag Zimmermann, Mainz

Originalausgabe

ZM 00020

ISMN 979-0-010-00020-6

ISBN 978-3-921729-52-6

6. Auflage, 2024

Dieses Buch ist Sabine Pape gewidmet.

INHALTSVERZEICHNIS

6. ERFOLGREICHER ÜBEN: EINE KLEINE LERNKUNDE

7. DAS MENTALE TRAINING

8. MUSIKER ALS ZEITMANAGER

9. ZUM SCHLUSS

WAS IST MENTALES ÜBEN?

1.1. SCHWACHSTELLEN DES MECHANISCHEN ÜBENS

Die „Angststelle": Welcher Musiker kennt sie und ihre heimlich würgende Bedrohung nicht? Es wird geübt, wieder und wieder, bis zum Widerwillen, jedoch die erhoffte traumtänzerische Sicherheit stellt sich kaum ein. Eher wahrscheinlich: Der Lernende bekommt eine Muskelverkrampfung, und die Panik wächst noch! Denn mit jedem Fehlgriff beim praktischen Üben steigt die Angst erneut. Der Übende lernt nicht, die Stelle zu beherrschen, er lernt, sie zu fürchten! Das Versagen ist, wenn schon nicht vorprogrammiert, so doch in angstvolle Nähe gerückt. Der Musiker verstrickt sich in seinem verbissenen Streben nach Perfektion, im Kampf gegen sich selbst und seinen Körper: üben und nochmals üben, und dennoch verknoten sich die Finger erneut, meistens übrigens immer wieder an denselben Stellen! Ein wahrlich trauriges Resultat vieler, hart gearbeiteter Stunden!

Das kann nicht der richtige Weg sein!

Aber was soll denn der Musiker anderes tun als „üben", wenn die Stelle, das Stück, einfach nicht „sitzen" will? Wenn es nicht so klingt, wie er es in Mußestunden innerlich hört? Muß er dann nicht wieder und wieder, kopflos, endlos, mechanisch üben? Gibt es einen anderen Weg, das Ziel zu erreichen?

Ein genialer Musiker wie Kreisler, dazu befragt, kommentiert trocken: „Ich übe nie!" Wie bitte? Doch: "In the formal use of the word, I have never practised in my whole life. I practise only as I feel the need. I believe that everything is in the brain. You think of a passage and you know exactly how you want it" (Great Masters of the Violin, Boris Schwarz, 1983).

1.2. Der andere Weg

Dies ist der andere Weg: Nicht bis zum Schwachsinn dieselbe Stelle abspulen, sondern sie mental bewältigen, die Vorstellungskraft, den Geist zur Bewältigung einsetzen! Welcher auch nur halbwegs begabte Musikinterpret hätte nicht genaue Vorstellungen, wie das Stück oder die Stelle zu klingen hätte oder wie der Bewegungsablauf aussehen müßte?

Wagen Sie es: Schließen Sie die Augen und sehen / hören Sie sich beim Musizieren zu! Ein bißchen Geduld, versuchen Sie es noch einmal!

Ist alles perfekt, was Sie sehen? Bewegungsablauf, Ausführung, Interpretation? Dann legen Sie dieses Buch zur Seite! Sie brauchen es nicht! Oder ist Ihr Vorstellungsbild doch nicht optimal? Verkrampfungen, Unsauberkeiten, einfach „nicht gut"? Dann schaffen Sie doch einfach Ihre eigene Realität mit der Kraft Ihrer Vorstellung, mit der Macht der inneren Bilder, mit der Stärke Ihres Geistes! Wir können nicht nur aus Realitäten, aus dem persönlich direkt Erfahrenen lernen. Welchen Sinn, außer dem Vergnügungswert, hätten sonst Bücher, Lehrgänge, Schulen? Der berühmte „Aha- Effekt" ist keineswegs an reale Vorgänge gekoppelt! Also noch einmal: Schließen Sie die Augen, sehen Sie sich perfekt spielen, „lernen" Sie, was Sie „sehen", und führen Sie es dann genau so aus!

Genau das ist mentales Üben!

Wir erschaffen uns mit eigenen inneren Bildern unsere Realität, die Wirklichkeit erwächst aus der Vorstellung!

1.3. Vorteile des mentalen Übens

Die Vorteile des mentalen Übens sind überwältigend:

- ✔ Mentales Üben ist effektiver als Lernen durch Beobachtung.

- ✔ Mentales Üben ist ideal zum Aufspüren
und zur Beseitigung von Angststellen.

- ✔ Mentales Üben verkürzt die Aufwärmzeit.

- ✔ Mentales Üben verhilft zur Sicherheit bei

    - ✔ technisch heiklen Stellen,

    - ✔ Lampenfieber,

    - ✔ Auswendigspielen.

- ✔ Der Körper wird nicht zusätzlich belastet.

- ✔ Sensomotorische Fähigkeiten werden verbessert.

- ✔ Mentales Üben schließt Verletzungs- und Verspannungsgefahr aus.

Mentales Training ist ein Programm zum Erlernen und Praktizieren geistiger, gefühlsmäßiger, mechanischer und psychologischer Fähigkeiten. Der Effekt: Die mentale Stärke wird erhöht („Ich kann es!") und die praktische Ausführung perfektioniert.

Jeder auch nur wenig Sportbegeisterte weiß: Ohne professionelle, psychologische Aufbauarbeit geht bei Elite-Athleten kaum noch etwas! Die wenigen Spitzenmusiker jedoch „wursteln" eher vor sich hin, erahnen, daß die stupide Wieder-und-wieder-Überei zwecklos ist, und „stoppeln" sich, mehr schlecht als recht, ein eigenes mentales Übungsprogramm zurecht. Leider oft mehr aus einer vagen Ahnung heraus denn aus Wissen, und leider fast immer ohne professionelle Anleitung! Unterrichtet wird das mentale Training, wenn überhaupt, nur andeutungsweise, und selten systematisch und didaktisch aufgebaut!

Wie bei einem körperlichen Trainingsprogramm muß täglich oder zumindest drei- bis viermal wöchentlich geübt werden! Sicherlich ist es für die meisten außerordentlich schwierig, die erforderliche Disziplin für das „Nichtstun" aufzubringen, zumindest solange, bis sie die ersten Erfolge sehen. Denn man steht natürlich unter Druck, will besser werden, muß üben, statt herumzudenken. Hat man doch sein Leben lang gelernt, daß üben und immer wieder üben der einzige Weg zum Fortschritt ist. Er ist es nicht!

Fassen wir zusammen: Praktisches Üben mag Vorteile bieten, ebenso sicher lauern eine Menge Nachteile auf (Sinnlosigkeit des Tuns bei der hundertsten Wiederholung, Verkrampfungen, Bestätigen der Angst, Zementierung falscher Abläufe). Mentales Üben kann diese Mängel überwältigen, vorausgesetzt, der Lernende weist einigermaßen Vertrauen und Disziplin auf.

Dabei ist folgendes zu beachten:

- ✔ Abwechselndes praktisches und mentales Training weisen die größte Effektivität auf.

- ✔ Die Wirksamkeit des mentalen Übens hängt von der Bewegungserfahrung und dem Alter ab.

- ✔ Der Effekt des mentalen Übens steigt offensichtlich mit der Komplexität der Bewegungsaufgabe.

1.4. Zur Zeitdauer des mentalen Übens

Da zwischen jedem mentalen Durchgang eine Entspannungsphase eingelegt wird (genaueres dazu lesen Sie später), kann prinzipiell solange geübt werden, bis die Konzentration „streikt". Anfänger üben selten mehr als zehn bis dreißig Minuten, Fortgeschrittene schaffen es, mehrere Stunden so zu arbeiten. Anfänger haben mehr Probleme mit ihrer notorischen „Spiellust" und geben sehr leicht dem Drang zum aktiven Spielen nach. Unmittelbar vor dem Vorspiel sind mehr als zehn Minuten mentalen Übens ungünstig, da man ganze Sätze oder Stücke in der Vorstellung hochkonzentriert durchspielt. Eine Freundin von mir, erfolgreiche Journalistin und Politikerin, hatte sich beim Spielen eines Klavierwerkes an einer bestimmten Stelle immer wieder verspielt. Die Finger wollten einfach nicht folgen. Sich an unsere Gespräche über mentales Üben erinnernd, nahm sie diese verhaßte Stelle unter die Lupe. Wie ein Uhrmacher den kaputten Wecker auseinandernimmt, um die Ursachen des Übels zu ergründen, schaute meine Freundin sich das innere Geschehen an. Nanu! Just da, wo sie sich ständig verspielte, „fehlten" ihr in der Vorstellung zwei Töne! Die Töne, Klänge, Bewegungen wurden mental kurzerhand eingebaut, und die Stelle „saß"! Die sitzt auch heute noch!

Mut gefaßt?

Legen wir los mit dem mentalen Üben!

Voraussetzungen für das mentale Üben

Bevor wir uns in Einzelheiten verlieren (und vielleicht nicht wiederfinden), verschaffen wir uns erst einmal einen Überblick über das benötigte Handwerkszeug. Wer es gar nicht abwarten kann, sofort mit der Praxis zu beginnen, mag direkt zu Kapitel 3 springen. Aber Sie sind doch kein ungeduldiger Mensch, der freiwillig auf Grundlagenkenntnisse verzichtet? Und Eile, Zappeligkeit und ähnlich unschickliche Eigenschaften gewöhnen wir uns besser sowieso gleich ab.

2.1. Entspannungszustand und ruhige Umgebung

Mentales Üben allein ist gut, mit vorangehendem Entspannungstraining ist es besser. Der Unterschied im Erreichen der persönlichen Bestleistung beim mentalen Üben mit oder ohne Entspannung ist dramatisch. Kennen Sie diese hübschen Filmszenen: Der Held musiziert (natürlich fehlerfrei und einfach wundervoll), hat dabei aber nur Augen für die Angebetete und plaudert mit ihr? Unfug? Nein! Können nicht auch Sie viele Dinge tun, ohne an sie zu denken, Handlungen begehen, die „von selbst" ablaufen? Können Sie sich zum Beispiel nicht an- und auskleiden – eine im Grunde genommene gar nicht so einfache Handlung! – und gleichzeitig sich unterhalten oder aufmerksam einem Bericht zuhören? Greifen Sie nicht „blind", ohne jede Überlegung, in eine bestimmte, die richtige(!) Schublade, wenn Sie ein bestimmtes Requisit benötigen? Denn das ist der tatsächliche Erfolg: erhöhte Konzentration, optimale Aufmerksamkeit und maximale Leistung! Also lachen Sie bei unserem Kinohelden nicht mehr, vermutlich hat er mental und entspannt geübt!

Interessanterweise kann man denken und sprechen, während man von Noten abspielt. Es ist auch möglich, auswendig zu spielen und die Aufmerksamkeit auf Anderweitiges zu lenken.

Es ist jedoch nicht möglich, mental zu trainieren und an etwas anderes zu denken!

Übe-psychologisch kommt noch ein wichtiger Punkt hinzu: Wir nehmen einen Verspieler beim Musizieren als Mißerfolg wahr! Wenn wir aber die gleiche Stelle mental durchspielen und das innerlich Verfolgte nicht klappt, betrachten wir dieses als wichtige Information für unsere Weiterarbeit und nicht als Niederlage!

Entspannung und ruhige Umgebung sind unabdingbare Voraussetzung für unser Lernziel.

Die einzelnen Techniken zur sogenannten Tiefenentspannung sehen wir uns im dritten Kapitel genauer an. Übrigens soll es Lebenskünstler und/oder Naturtalente geben, die diesen Dämmerzustand, diesen Zustand der angenehmen Ruhe durchaus schon mit folgenden Übungen herbeiträumen können!

2.2   SCHNELLENTSPANNUNG VOR DEM MENTALEN ÜBEN

Dieser süße Zustand neigt nun unangenehmerweise dazu, sich im Laufe der Arbeit wieder zu verflüchtigen. Deswegen sollte vor jedem Abschnitt, der mental geübt werden soll, am Instrument, im Sitzen, schnell entspannt werden. Die Fähigkeit, sich sofort auf die „alpha"- Bewußtseinsebene (passiver Wachzustand) zu bringen, muß normalerweise unter der Leitung eines erfahrenen Psychologen gelernt werden. Dies kann mehrere Wochen dauern. Es sei denn, Sie verfügen über eine ungewöhnliche Phantasie und/oder Begabung dazu, sich „fallen zu lassen". Dann schaffen Sie es auch im Alleingang!

2.3.   VISUALISIERUNG – LEBHAFTES VERGEGENWÄRTIGEN

Visualisierung – nie gehört? Es ist das Herbeizaubern des „inneren Bildes", des inneren Films vor dem „geistigen" Auge. Diese Fähigkeit, Ideen und Bilder im Geiste entstehen zu lassen, wird häufig einfach als „Phantasie" umschrieben.

Stellen Sie sich vor: Sie liegen an einem Strand, hören die Wellen sacht gegen das Ufer schwappen! Riechen Sie die Meeresluft? Spüren Sie die Sonne auf Ihrem Körper? Großartig, Sie haben soeben visualisiert! Geht doch ganz leicht, nicht wahr? Nur sollen Sie künftig, in fortgeschrittenem Stadium (s. Kapitel 3), Ihre lustvollen Phantasien mehr Ihrem Instrument widmen als den Urlaubsgedanken! Das tägliche Vorstellungstraining ist eine der wirksamsten Übungsstrategien, die erfolgreichen Musikern zur Verfügung stehen. Je intensiver die Vorstellung, desto wahrscheinlicher wird das ersehnte Ziel erreicht. Das Vorstellungstraining schließt sich in einer bestimmten individuellen Dosierung an das Entspannungstraining an. Angst und Angststellen gehen, ebenso wie Streß, vor dem mentalen Training „in die Knie"!

Spieler mit höherem Leistungsniveau profitieren logischerweise mehr von den Vorstellungsübungen als Spieler, die viel seltener die bestimmten Bewegungsabläufe und Techniken in der Praxis durchgegangen sind. Das geistig-körperliche Wechselspiel funktioniert um so besser, je öfter die notwendigen neuro-muskulären Bahnen durch reale, aktive Bewegungen trainiert sind. Machen Sie sich bitte in aller Schärfe klar: Nie geübte, unbekannte Techniken und Bewegungsabläufe sind auch mit Hilfe mentaler Übungen nicht erzwingbar!

Das heißt, zwei Dinge sind dringend zu berücksichtigen:

✔ Eigenerfahrung
Eigentlich ganz logisch: Es ist unmöglich, eine Bewegung, einen Abschnitt oder was auch immer mental zu üben, ohne sie in der Praxis bzw. in der Wirklichkeit ausgeführt zu haben. Oder können Sie sich exakt, in jedem Detail vorstellen, wie es sich anfühlt, den Gipfel des Mount Everest zu erklimmen, wenn Sie noch nie einen Berg bestiegen haben? Sie können allerdings neue Bewegungskombinationen mental trainieren, um eine neue Bewegungsfolge zu erlernen, wenn Sie alle dazu nötigen Teilbewegungen „drauf" haben!

✔ Eigenmöglichkeiten
Jetzt wird es gefährlich – und hoffentlich nicht peinlich! Es geht um die Selbsteinschätzung. Was Sie nicht „ können" können, können Sie auch nicht „können"! Das ist zwar etwas lapidar ausgedrückt, trifft aber den Kern: Die Bewegungsvorstellung muß sich an den eigenen Möglichkeiten orientieren. Techniken, die nicht im eigenen „Können"-Bereich liegen, können auch nicht akkurat mental trainiert werden. Um wieder ein Beispiel zu nennen: Wenn Sie sich hundertmal eine perfekte Eislauf-Kür vorstellen ohne jemals Schlittschuhe unter den Füßen gehabt zu haben, mag die Übung einen gewissen Vergnügungswert haben – mehr aber nicht! Prüfen Sie also bitte kritisch, was in Ihren technischen Fähigkeiten liegt und was eben nicht… !

Fassen wir zusammen: Erst das Entspannungs-, dann das Vorstellungstraining!

DIE EINZELNEN ENTSPANNUNGSTECHNIKEN

3.0. DER „SPRUNG INS WASSER"

Ohne Entspannung läuft also nichts, das ist im 2. Kapitel – hoffentlich – klar geworden. Es locken verschiedene Wege, das Ziel zu erreichen. Erwandern sie wir jetzt gemeinsam! Für welchen Sie sich letztendlich entscheiden, ist reine Geschmacksache. Hauptsache, Sie schmecken sich rein! Die folgenden Anleitungen können vorgelesen oder auf eine Tonkassette aufgenommen werden. Am besten lernen Sie den Text auswendig und sagen sich die Reihenfolge innerlich auf! Damit sind Sie immer und überall in der Lage, sich zu entspannen. Noch eine Möglichkeit: Wechseln Sie zwischen Kassette und eigener innerer Anleitung. Sanfte Musik steigert die Wirkung.

Alles klar? Legen wir los! Springen wir, nein, nicht ins kalte, sondern ins wohlig warme Badewasser!

3.1. DIE PROGRESSIVE MUSKELENTSPANNUNG

Einer der hübschesten, wirksamsten Wege ist die progressive Muskelentspannung nach Jacobson. Die einzelnen Muskelpartien werden bewußt angespannt und nach ca. 5-7 Sekunden wieder lockergelassen. Durch das Beobachten und Genießen des Unterschiedes zwischen An- und Entspannung wird eine gelöste und entspannte Grundhaltung erreicht. Diese Entspannungsform ist recht eingängig und wird vor allem von Jugendlichen bevorzugt. Die komplette Reihenfolge dauert zwischen 15 und 20 Minuten; die Kurzform beinhaltet nur ein Durchsuchen des Körpers auf Spannungsfelder hin und ein Loslassen dieser Spannung mit der verlängerten Ausatmung (s. 3.4. Atmung). Folgenden Ablauf habe ich in Anlehnung an Jacobson formuliert:

Machen Sie es sich bequem, entweder sitzend oder liegend! Schließen Sie zur besseren Konzentration die Augen. Ballen Sie nun Ihre dominante Hand zur Faust... Beobachten Sie die Spannung in Hand und Unterarm... Lassen Sie nun los... Genießen Sie dieses Gefühl der Entspannung in der Hand und im Unterarm... Wiederholen Sie diesen Vorgang... Beobachten Sie stets den Unterschied zwischen Spannung und Entspannung...

Ballen Sie nun Ihre nichtdominante Hand zur Faust… Beobachten Sie die Spannung in Hand und Unterarm… Lassen Sie nun los… Genießen Sie dieses Gefühl der Entspannung in der Hand und im Unterarm… Wiederholen Sie diesen Vorgang… Beobachten Sie stets den Unterschied zwischen Spannung und Entspannung…

Ballen Sie jetzt beide Hände zur Faust und beugen Sie die beiden Ellenbogen… Spannen Sie Ihren Bizeps an… Beobachten Sie die Spannung in Ihrem Oberarm… Lassen Sie nun los… Genießen Sie dieses Gefühl der Entspannung im Oberarm… Wiederholen Sie diesen Vorgang… Beobachten Sie den Unterschied zwischen Spannung und Entspannung…

Runzeln Sie Ihre Stirn, indem Sie Ihre Augenbrauen hochziehen (die Spannung deutlich spüren).. Lassen Sie nun die Spannung los… Die Stirn ist glatt und entspannt… (wiederholen)… Genießen Sie die Entspannung etwas länger… Pressen Sie die Augen fest zu… (die Spannung deutlich spüren)… Lassen Sie nun die Spannung los… Genießen Sie das wohlige Gefühl der Ruhe und Entspannung… (wiederholen)…

Beißen Sie die Zähne zusammen… Spüren Sie die Spannung im Kiefer… Lassen Sie nun die Spannung los… (wiederholen)… Genießen Sie die Entspannung etwas länger…

Drücken Sie die Zunge fest gegen den Gaumen… Lassen Sie nun die Spannung los… Genießen Sie das wohlige Gefühl der Ruhe und Entspannung… (wiederholen)…

Die Entspannung im Gesicht ist angenehm und wohltuend… Die Lippen sind leicht geöffnet, die Zunge liegt locker im Mund… Ziehen Sie den Kopf nach vorne mit dem Kinn auf der Brust… Spüren Sie die Spannung im Hals und Nacken… Lassen Sie nun die Spannung los… Ihr Kopf ist wieder entspannt und zentriert… Genießen Sie das wohlige Gefühl der Ruhe und Entspannung… (wiederholen)…

Drücken Sie Ihren Kopf nach hinten… Nehmen Sie die Spannung bewußt wahr… Lassen Sie nun die Spannung los… Die Spannung fließt aus dem Nacken hinaus… Ihr Kopf ist wieder entspannt und zentriert… Genießen Sie das wohlige Gefühl der Ruhe und Entspannung… (wiederholen)… Beobachten Sie zwischendurch Ihren Atem, wie er kommt und geht… Die Bauchdecke wölbt und senkt sich… auf… und ab… Mit jedem Atemzug wird die Entspannung tiefer…

Ziehen Sie die Schulter fest nach oben, bis zu den Ohren… Achten Sie auf die Spannung in den Muskeln… Lassen Sie los… Lassen Sie ganz los und spüren Sie die Entspannung in Ihren Schultern… Sie sind ruhig… gelöst… gelassen… Sie genießen in aller Ruhe die Entspannung… (wiederholen)…

Spannen Sie die Rückenmuskeln an, indem Sie die Schulterblätter nach hinten zur Wirbelsäule hin zusammenziehen… Spüren Sie die Spannung der Rückenmuskeln… Lassen Sie ganz locker… Die Rückenmuskeln lösen sich vollständig… Achten Sie auf das unterschiedliche Gefühl im Rückenbereich… (wiederholen)…

Spannen Sie Ihre Bauchmuskeln dadurch an, daß Sie den Bauch fest einziehen… Achten Sie auf das Spannungsgefühl im Bauch… Lassen Sie nun los… Die Bauchmuskeln sind vollständig gelöst und weich… (wiederholen)…

Genießen Sie das schöne Gefühl von Lockerheit und Entspannung… Lassen Sie noch mehr los…

Spannen Sie Ihre Gesäß- und Oberschenkelmuskeln an, indem Sie Ihre Gesäßmuskeln fest anspannen und Ihre Beine etwas vom Boden heben… Achten Sie auf das Spannungsgefühl in den Gesäß- und Oberschenkelmuskeln… … Lassen Sie nun los… Genießen Sie diese Zeit, wo Sie Ihre Muskeln noch ein wenig mehr lösen… (wiederholen)…

Drücken Sie jetzt Ihre Füße und Zehen fest nach unten in den Boden… Spüren Sie das Gefühl der Spannung in den Waden… … (loslassen)… Lassen Sie die Spannung vollkommen los… Die Beine nehmen wieder eine bequeme Haltung an… Die Muskeln lösen sich noch mehr… Genießen Sie das Gefühl von Ruhe und Gelöstheit… (wiederholen)…

Ziehen Sie die Zehen und Füße fest zum Gesicht hin… (die Spannung im Schienbein spüren)… Achten Sie auf das Spannungsgefühl… Lassen Sie nun los… Die Muskeln sind locker und gelöst… Spüren Sie das unterschiedliche Gefühl in den Beinen… Genießen Sie noch ein wenig… (wiederholen)…

Krallen Sie Ihre Zehen fest in Richtung Boden ein, als ob Sie ein Taschentuch packen wollten… Beobachten Sie die Spannung… (loslassen)… Lassen Sie die Spannung vollkommen los… Die Beine nehmen wieder eine bequeme Haltung an… Die Zehen sind entspannt… Die Muskeln lösen sich noch mehr… Genießen Sie das Gefühl von Ruhe und Gelöstheit… (wiederholen)… Gleiten Sie mit Ihrer Aufmerksamkeit noch einmal durch Ihren Körper Lassen Sie die Entspannung tiefer und tiefer werden im

Gesicht… in den Schultern …

im Nacken… in den Armen… Händen… Fingern…

im Rücken… Bauch… Gesäß…

in den Oberschenkeln… Unterschenkeln und Waden… Zehen

Ihre Entspannung wird tiefer und tiefer… Sie atmen ruhig und gleichmäßig…
Mit jeder Ausatmung gleiten Sie tiefer und tiefer in die Entspannung…

Kommen Sie langsam und im eigenen Tempo aus der Entspannung zurück in
diesen Raum… Zählen Sie innerlich:

„Vier": Bewegen Sie die Finger… öffnen und schließen Sie die Hände

„Drei": Atmen Sie ein paarmal tief ein

„Zwei": Dehnen Sie sich. Räkeln Sie sich, um Ihren Kreislauf wieder
anzuregen.

„Eins": Öffnen Sie die Augen! Sie sind entspannt und erfrischt.

3.2. GEFÜHRTE VISUALISIERUNG

Entspannende Bilder lockern die Muskeln, da Vorstellungen reale körperliche
Auswirkungen haben. Probieren Sie folgende gelenkte Imaginationen:

Die Lichtwelle

Setzen Sie sich hin und nehmen Sie eine bequeme Stellung ein… Schließen
Sie die Augen… … Lassen Sie Ihre Ausatmung immer länger werden… Die Luft strömt
von alleine in Ihren Körper hinein… Nach und nach, in Ihrem Tempo, lassen Sie Ihre
Ausatmung immer länger werden… …

Wenn Sie ausatmen, denken Sie an ein Ruhewort wie „Stille", „Entspannung",
„Ruhe"… … Mit jeder Ausatmung, wird Ihre Entspannung tiefer… und… tiefer… …
Alle Gedanken gleiten aus Ihrem Kopf hinaus… … Nichts stört Sie mehr… …

Stellen Sie sich vor, eine sanfte Lichtwelle leuchtet in Ihrem Kopf… Nur Sie
sehen die Farbe… eine entspannende, wohltuende Farbe…

Diese sanfte Lichtwelle läßt alle Gedanken entweichen… Die Kopfhaut entspannt sich… Die Stirn wird angenehm kühl und glatt… Die Lichtwelle mit ihrer wohltuenden Farbe löst alle Spannungen auf in den Augen… im Kieferbereich… in den Lippen… in der Zunge…

Die sanfte Lichtwelle gleitet weiter in den Hals… Die Lichtwelle mit ihrer
wohltuenden Farbe löst alle Spannung auf im Hals und im Nacken… Sie spüren eine
wohltuende und entspannende Wärme im Hals- und Nackenbereich… … Nun gleitet die

sanfte Lichtwelle hinunter in Ihre rechte Schulter… in den rechten Oberarm… in den rechten Unterarm… in die rechte Hand… Alle Finger Ihrer rechten Hand werden durch den sanften Lichtstrahl locker, warm und frei…

Nun gleitet die sanfte Lichtwelle in Ihre linke Schulter… in den linken Oberarm… in den linken Unterarm… in die linke Hand… Alle Finger Ihrer linken Hand werden durch die sanfte Lichtwelle locker, warm und frei…

Genießen Sie diese Entspannung, die durch die farbige Lichtwelle ausgebreitet wird…

Die sanfte Lichtwelle wandert weiter in Ihren Rücken… in Ihren Brustraum… in Ihren Bauch… Ihr ganzer Oberkörper ist gefüllt mit dem milden, warmen Licht…

Genießen Sie diese Entspannung, die durch die farbige Lichtwelle ausgebreitet wird…

Nun gleitet die sanfte Lichtwelle hinunter in Ihren rechten Oberschenkel… in das Knie… in den rechten Unterschenkel und Wadenmuskel… in den rechten Fuß… Alle Zehen Ihres rechten Fußes werden durch die sanfte Lichtwelle locker, warm und frei…

Nun gleitet die sanfte Lichtwelle in Ihren linken Oberschenkel… in das linke Knie… in den linken Unterschenkel und Wadenmuskel… in den linke Fuß… Alle Zehen Ihres linken Fußes werden durch die sanfte Lichtwelle locker, warm und frei…

Genießen Sie diese Entspannung, die durch die farbige Lichtwelle ausgebreitet wird…

Die sanfte Lichtwelle wird nun langsam größer und erfüllt Ihren ganzen Körper mit einer wohltuenden Wärme… … … Sie sind ruhig und entspannt… gelöst… locker…

Lassen Sie dieses wohlige Gefühl eine Weile zu… Es tut Ihnen gut, sich diese Stille und die Ruhe zu gönnen… …

Kommen Sie langsam und in Ihrem Tempo in diesen Raum zurück… Zählen Sie von vier auf eins herunter…

„Vier": Öffnen und schließen Sie die Hände. Bewegen Sie Ihre Füße und Beine.

„Drei": Räkeln und strecken Sie sich. Kurbeln Sie Ihren Kreislauf an.

„Zwei": Atmen Sie dreimal tief ein und aus.

„Eins": Öffnen Sie die Augen.

Garten der Stille

Setzen Sie sich bequem hin. Lockern Sie enge Kleidungsstücke. Die Hände ruhen auf den Oberschenkeln. Die Füße ruhen in einer angenehmen Stellung auf dem Boden.

Schließen Sie die Augen.

Atmen Sie ganz ruhig. Stellen Sie sich vor, daß mit jedem Ausatmen alle Anspannung und jeder Streß aus Ihren Körper entweicht… … Jede Ausatmung wird länger und tiefer… … … Mit jedem Atemzug vertieft sich Ihre Ruhe und Zufriedenheit… …

Sehen Sie nun vor sich einen Garten in der Sonne. Gehen Sie hinein und betrachten Sie die Blumenpracht, genießen Sie verschiedene Stellen, die Ihnen Ruhe und Frieden bieten… Sehen Sie Wasser? Vielleicht einen kleinen See oder eine sprudelnde Quelle? Gehen Sie dorthin und genießen Sie die Stille, die Sie dankend aufsaugen. Spüren Sie, wie sich diese Stille, diese Ruhe in Ihnen ausbreitet… …

Hören Sie angenehme Klänge und wohltuende Töne? Vielleicht den Gesang von herrlich bunten Vögeln… … ?

Erfrischende und sinnliche Düfte erfreuen Sie… Mit jedem Atemzug vertieft sich Ihre Entspannung… …

Diesen Garten haben Sie geschaffen durch Ihre unbegrenzte Kreativität… … Dieser Garten ist immer für Sie da, wenn Sie eine Quelle der Ruhe, eine stille Oase brauchen. Verweilen Sie dort noch eine Weile…

Wenn Sie Ihre Gelassenheit und Ausgeglichenheit wieder erlangt haben, kommen Sie langsam und in Ihrem Tempo wieder zurück in diesen Raum.

Atmen Sie ein paarmal tief ein und aus, räkeln und dehnen Sie sich.

Öffnen Sie wieder erfrischt und munter die Augen.

Visualisierung für Eilige

Sind Sie so träge wie ich? Die vorgestellten Übungen sind sehr bekömmlich, ich aber mag's kürzer. Ich habe folgende Szenen ausgetüftelt, sie sind schnell und wirken auch.

✔ Stellen Sie sich vor, Sie sind in einer gemütlich warmen Berghütte. Sie
   schauen aus dem Fenster den Schneesturm Ihrer eigenen Gedanken an. Die

Schneeflocken, von dem Wind getragen, wirbeln und schwirren umher. In dem Maße in dem Ihre Gedanken sich beruhigen, beruhigt sich der Schnee, bis nur noch einzelne Flocken hinunterschweben.

✔ Stellen Sie sich vor, Sie sind ein großer Fisch in einem tiefen See. Wenn Sie einen Gedanken haben, sehen Sie ihn als Luftblase, die nach oben schwebt und verschwindet. Verfahren Sie mit jedem neuen Gedanken ebenso. Gehen Sie Ihren Gedanken nicht nach… Lassen Sie los und beobachten Sie in aller Ruhe wie die Luftblasen hochschweben…

✔ Sie lehnen sich entspannt an einem Baum am Rande eines sanft fließenden Baches. Sie sehen ein Blatt auf dem Wasser vorbeitreiben. Das Wasser fließt ruhig, das Blatt schwimmt obenauf… Schauen Sie zu, bis das Blatt verschwindet. Jedes Blatt, das vorbeitreibt, stellt einen Gedanken dar. Lassen Sie das Blatt einfach vorbeischwimmen.

3.3. DAS AUTOGENE TRAINING

Wer hat noch nicht davon gehört? Aber wer hat schon davon gekostet? Das autogene Training von Prof. I. H. Schultz beruht auf Entspannung durch Selbsthypnose und -suggestion. Damit soll eine Lockerung der Skelettmuskulatur und eine Entspannung der Blutgefäße erreicht werden.

Wenn Sie dies noch niemals versucht und erreicht haben, stellt sich vielleicht die Frage: Wie, bitte schön, bemerke ich, daß meine Blutgefäße sich erweitern, daß das Ziel der Übung also erreicht ist? Aufgeregt erzählen werden es mir vermutlich weder die Schlagadern noch die Kapillaren. Irrtum: Sie „plappern" eben doch. Erweiterte Gefäße führen zu einem Wärmegefühl, und diese behagliche Empfindung, die wohlig weich Ihren Körper durchströmt, „erzählt" es unmißverständlich.

Auch der „Chef", das Gehirn, wird mal ein wenig ruhiggestellt. Schließlich braucht jeder von Zeit zu Zeit seinen kleinen „Urlaub". Überflutet von Milliarden Reizen, in jeder Sekunde 1.000.000 Entscheidungen treffend, stellen wir zumindest den reflektierenden Aspekt vorübergehend ins Abseits. Er wird ausgetauscht gegen eine ruhige Betrachtung des eigenen Körpers (jawohl, auch das gibt's heute noch.).

Beim Autogenen Training werden Veränderungen im Bereich der Muskelspannung, der Hautdurchblutung, der Atmung, des Herzschlags, also im Bereich des vegetativen Nervensystems erreicht, das sonst unbewußt gesteuert wird, aber durch vielfältige Störfaktoren negativ beeinflußt werden kann. Auffällige Auswirkungen einer vegetativen Fehlsteuerung sind z.B. Durchfall, Schlafstörungen, innere Unruhe, Herzschmerzen, Luftnot, Magenprobleme. Zu den psychologischen Wirkungen des Autogenen Trainings zählen die Selbstberuhigung, die vertiefte Erholung und die Steigerung der Konzentration.

Für Menschen, die sich im Leben eher zurückziehen oder inaktiv sind, ist Autogenes Training weniger geeignet. Für solche, sogenannte Vagotoniker ist ein Biofeedback-Training oder die progressive Muskelentspannung effektiver.

Die Autogene Trainingsformel (nach Schulz):

Ich bin vollkommen ruhig, ganz ruhig.

Der rechte Arm ist ganz schwer. (6x)

Ich bin vollkommen ruhig.

Der rechte Arm ist ganz warm. (6x)

Ich bin vollkommen ruhig.

Mein Herz schlägt ganz ruhig, kräftig. (6x)

Ich bin vollkommen ruhig.

Meine Atmung ist ganz ruhig und gleichmäßig. (6x)

„Es atmet mich".

Mein Sonnengeflecht ist strömend warm. (6x)

Ich bin vollkommen ruhig.

Formelhafter Vorsatz (Affirmation), wie: „Ich fühle mich frei".

Zurücknahme: Arme anspannen, tief atmen, Augen auf.

3.4. ATMUNG

Jede Muskelverspannung blockiert die Atmung.

Wenn ich meine Schüler beim oberflächlichen oder schubartigen Atmen erwische, weiß ich sofort, daß

- ✔ die Aufgabe noch zu schwierig ist und

- ✔ wir die Ausatmung verlängern müssen, um zu einer befriedigenden Entspannung zu kommen.

Die Regulierung der Atmungstiefe soll hauptsächlich über die Ausatmung erfolgen. Es wird ganz normal mitteltief eingeatmet. Die Einatmung führt ohne Pause in die ruhige, langsam fließende Ausatmung ein. Nach einer kleinen Pause verlangt der Körper die Einatmung von selbst. Die sogenannte Atempause (nach der Ausatmung) kann auch nach und nach verlängert werden; sie ist ein Zeichen der inneren Entspannung.

Schließen Sie Ihre Augen!

Beobachten Sie Ihren Atem, wie er von selbst kommt und geht!

Beim Einatmen hebt sich die Bauchdecke…

Beim Ausatmen senkt sie sich ganz von selbst…
(Pause von ca. 10 Sekunden)

Geben Sie sich diesem Versenkungszustand der wohligen Ruhe hin…

Erleben Sie ein wiegendes Auf und Ab… auf und ab…

Ihr Atem wird dabei immer ruhiger…

Sie atmen immer länger aus, und bei jeder verlängerten Ausatmung denken Sie „Meine Ausatmung strömt langsam und ruhig"… …

Bitte beachten: Die Einatmung fließt harmonisch und ohne Zögern in die Ausatmung. Das Ausströmen der Luft erfolgt langsam und ruhig; die Ausatmung wird immer mehr verlängert. Die anschließende Atempause kann auch gedehnt werden, da sie ein Zeichen der inneren Ruhe ist.

3.5. BIOFEEDBACK

Hier kommt nun auch eine Methode für Technikfreaks. Es soll ja Leute geben, die ohne blinkende Lämpchen, Kabelsalat und sonstige moderne Finessen zu keiner Aktivität mehr fähig sind. Wie dem auch sei, wir haben oben versprochen, für jeden Geschmack etwas zu liefern. Hier also die technische Variante:

Durch Biofeedback wird mittels elektronischer Geräte auf Körperprozesse aufmerksam gemacht, die man sonst nicht unbedingt wahrnimmt (oder mißachtet und verdrängt). Plötzlich werden diese Körpervorgänge bewußt – und damit steuerbar. Biofeedback-Geräte geben akustisch, blinkend oder andere Weise sofort Informationen über biologische Zustände wie Muskelverspannung, Hautoberflächentemperatur, Hirnwellenaktivität, Hautwiderstand, Blutdruck, Atmung und Puls wieder. Wenn es Ihnen Spaß macht, können Sie das Ganze auch noch graphisch ausdrucken lassen. Sie erhalten Auskunft darüber, ob z.B. irgendwo in Ihrem Körper übermäßige Spannung ist, und können durch diese Rückkopplung erfahren, ob Ihre Entspannungsmaßnahmen wirkungsvoll sind. Die beabsichtigten Veränderungen werden durch Vorstellung des entspannten Zustands erreicht. Biofeedback-Training ist also eine Art Verhaltenstraining. Sie finden auch hier die zwei wichtigen Entspannungsschritte wieder: Bewußt Spannung im Körper wahrnehmen und die unnötige und schädliche Spannung loslassen. Der erste Schritt allein bringt wenig Linderung. Sie können durch Biofeedback-Geräte Ihre Spannung aufspüren, aber die Maschinen selbst können Sie nicht entspannen. Sie müssen selbst wirkungsvolle Techniken finden und sich aneignen – Biofeedback liefert nur Informationen. Ich benutze für meine Seminare zwei kleine Apparate für den privaten Gebrauch, nämlich ein Hautwiderstandsmeßgerät und einen Pulsmesser vom Sportgeschäft, um die Tiefe der Entspannung oder die Intensität der emotionalen Erregung zu beobachten. Andere Biofeedbackmeßgeräte sind für den Normalverbraucher zu teuer.

3.6. BEWEGUNG

Kennen Sie das Gefühl: „wie bestellt und nicht abgeholt"? Ihre Muskeln kennen es auch. Ob es Ihrer Psyche schadet, vermag ich nicht zu beurteilen, für die Muskeln lauert allemal handfeste Gefahr! Wenn die Muskeln angespannt und nicht gebraucht werden, verharren sie wie Zinnsoldaten, geistlos aber willig, in diesem Spannungszustand. Aus dieser nutzlosen Anspannung wird eine Verspannung. Bleibt's dabei, kommt es zu Verkrampfung bis hin zum körperlichen Schaden! Leistungsfeindlich ist es allemal! Wenn diese muskulären Kraftreserven in Anspruch genommen würden, käme es nicht zur Verspannung, da die Spannung verbraucht würde. Daher ist ein Bewegungstraining bei überhöhter Anspannung wichtig. Schwimmen ist ein idealer Ausgleichssport, aber auch Laufen, Tanzen, Radfahren, auch leichte gymnastische Übungen vorm offenen Fenster wirken Wunder!

3.7. LACHEN

Das Lachen ist ebenfalls eine natürliche (und herrliche) Art, das Zwerchfell und damit den ganzen Körper locker zu „schütteln"! Witzige Filme, komische Geschichten, lustige Erinnerungen helfen uns „auf den Weg", aber auch einfaches Loslachen, zunächst peinlich und ungewohnt, leitet den Zustand der Freude und der befreienden Fröhlichkeit ein. Schmunzeln, lächeln, kichern, grinsen, feixen, prusten Sie! Es ist doch eine nette Idee: Wenn Sie Marx Brothers-Filme anschauen, und sich wiehernd auf die Schenkel klopfen, tun Sie etwas für Ihr nächstes Konzert.

3.8. DEHNUNG

Ohne Dehnung geht heute fast nichts mehr. Etwas in die Länge gezogen werden Sie bzw. Ihre Sehnen in fast jedem Ratgeber. Also muß auch etwas dran sein, und so ist es auch. Gerade der Musiker verharrt oft Stunden in einseitiger Haltung und Muskelbelastung. Es sähe ja auch etwas komisch aus, würde der Künstler während des Vortrags über die Bühne hüpfen! Also benötigt er Ausgleichsmaßnahmen für die Muskeln und Kräftigungsübungen für die oft zu schwache Haltungsmuskulatur.

Die hier und auf der nächsten Seite abgebildeten Übungen sind Dehnungsmaßnahmen, die im Zustand der Entspannung ausgeführt werden und pro Übung ca. 20 bis 30 Sekunden dauern. Es soll nicht gefedert, sondern nur sanft gedehnt werden, so daß es in dem angesprochenen Muskel leicht „zieht". Wenn die Spannung nachläßt, behutsam nachziehen. Solche Übungen werden am besten in den Lernpausen ausgeführt (Siehe Kapitel 6 „Erfolgreicher Üben").

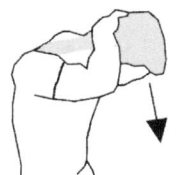
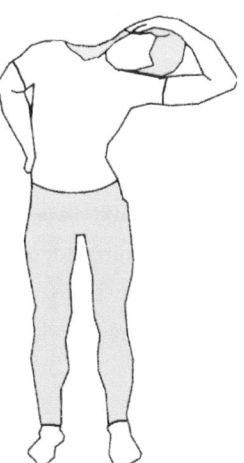

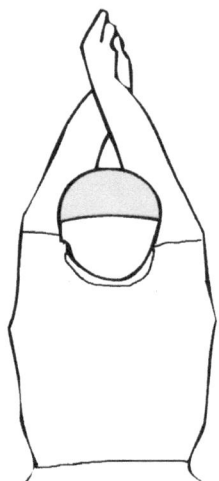

Sie haben jetzt am eigenen Leib erfahren: Schon per se ist die Tiefenentspannung schnuckelig, dieses wohlige Gefühl! Doch vergessen wir nicht: Hier geht es nicht
(nur) um Lust, sondern um Erleichterung der Last, und wir brauchen sie als Einleitung der
Visualisierungstechnik, unserer Fähigkeit, sich etwas bildhaft vorzustellen. Beim mentalen
Üben müssen wir die Noten „sehen", die Klänge „hören", die nötigen Bewegungen
„fühlen". Beim mentalen Üben bezwingen wir unsere unterbewußten Vorstellungskräfte,
um Lernblockaden, Lampenfieber und Ängste abzubauen; wir gaukeln uns frische, fröhli-
che, förderliche Gedanken vor und geben ihnen die Macht über unser Gefühl und Han-
deln. Das Geheimnis beruht darauf, sich die gewünschten Ziele in inneren Bildern und
Gefühlen im Zustand der Tiefenentspannung so zu vergegenwärtigen, als ob sie bereits erreicht wären. Da das Unterbewußtsein nicht zwischen Realität und Phantasie unterschei-
den kann, können wir es überlisten; kommen wir häufig wiederholten bildhaft vorgestellten Zielen immer näher. Untersuchungen haben gezeigt, daß Verspannungen die Phantasie hemmen. Gerade Künstler brauchen eine hochentwickelte Phantasie!

Wie wir schon gesehen haben, schwingt sich mittels Tiefenentspannung unsere
Lerneffektivität in schwindelerregende Höhen. Schließlich dient die Entspannung als
Grundlage für andere Trainingsbereiche wie z.B. Konzentrationsübungen oder Streß-
management. Das Gehirn produziert unterschiedliche Schwingungen, die charakteristi-
sche Merkmale für den geistig-körperlichen Zustand des Menschen sind.

Uns interessieren insbesondere zwei Wellen:

<u>Beta-Wellen</u>: Wachzustand, erhöhte Aufmerksamkeit und Klarheit (ca. 13 Hertz) bis hin zu Angstgefühlen und Panik, unter deren Schreckensherrschaft das kontrollierte Denken nicht mehr möglich ist (21 Hertz bis über 50 Hertz). In diesem Bereich erleiden wir Prüfungsangst und Lampenfieber.

<u>Alpha-Wellen:</u> Im Alpha-Zustand befindet sich unser Gehirn in einer Frequenz zwischen 7 und 14 Hertz. Dieses angenehme Gefühl kennen wir durch Tagträume oder unmittelbar vor dem Einschlafen. Man fühlt sich ausgeglichen, die Konzentration ist erleichtert, unsere Merkfähigkeit nimmt zu. Der Alpha-Zustand ist also der ideale Lernzustand (Superlearning)! „Im Alpha" wird auch mental geübt! Dan Landers, Professor für Exercise Science in den USA, stellte fest, daß kurz vor dem Abschießen des Pfeils bei Bogenschützen der Eliteklasse eine Zunahme der Alphawellen-Aktivität in der linken Gehirnhälfte festzustellen war. Dadurch, daß diese Hochleistungssportler nichts mehr vor dem Schießen dachten, hatten sie erfolgreicher geschossen! Eigentlich haben diese Sportler nur ihren inneren Dialog bis nach dem Schießen ausgeschaltet. Mehr darüber können Sie in „Tennis und Psyche" von Timothy Gallway lesen.

VISUALISIERUNG

Wir sollen uns also etwas vorstellen, aber was stellen wir uns eigentlich vor?

Es gibt drei „Beobachtungsposten" in der inneren Vorstellung, die Sie für das mentale Üben gebrauchen können:

1. Wir spielen das Stück im Geiste.

2. Es wird versucht, das Notenbild mental zu sehen.

3. Wir sehen uns selber in der Vorstellung beim Spielen zu.

ad 1: Es soll versucht werden, ein Stück geistig zu „spielen", ohne etwas zu bewegen, also ohne kinästhetische oder taktile Rückkopplung. Die Augen sind dabei geschlossen. Es kann innerlich (im Geiste) „gesehen" und „gefühlt" werden, wie die Finger die Noten „spielen" und wie z.B. der rechte Arm den Bogen „führt". Die Töne werden innerlich „gehört"! Die Vorstellung sollte also drei Bereiche abdecken: das auditive, das visuelle und das kinästhetische Erinnerungsbild. (Grundsätzlich wird eine Verbesserung des kinästhetischen Empfindens erreicht, wenn (a) auf die Kontrolle durchs Auge verzichtet wird u.a. durch das Verhindern visueller Reize und (b) wenn dem Bewegungsgefühl bewußt Aufmerksamkeit geschenkt wird.)

ad 2: Es kann mit geschlossenen Augen das Notenbild mental gesehen werden. Mit Übung nimmt die Fähigkeit zu, alle Details des Notenbildes (Vorzeichen, Dynamik usw.) zu „sehen" und das Stück mit allen klanglichen Nuancen zu „hören". Es wäre möglich, die Noten „aus dem Gedächtnis" aufzuschreiben.

ad 3: Die Augen werden geschlossen. Nun schaut man sich selbst in der Vorstellung beim Spielen zu. Man sieht sich in Bestform. Alle Bewegungen werden optimal ausgeführt, die Töne sauber intoniert und alle Bindungen – bei Streichern Lagenwechsel – genau, tonschön und entspannt getroffen. Wenn man Filme von Meistern ihres Faches oft anschauen kann, wird auch diese Trainingsmöglichkeit leichter. Es können Fotos, Spiegel, Filme und Videoaufnahmen verwendet werden, um die Exaktheit des geistigen Bildes zu verstärken und zu verbessern.

In der Selbstperzeption gibt es von Mensch zu Mensch Unterschiede. Wenn ich Kurse gebe, frage ich zuerst, ob die Teilnehmer sich im Bild sehen oder selbst im Bild sind. „Sich im Bild sehen" ist distanzierter und kann als Technik der Angstbewältigung eingesetzt werden. „Selbst im Bild sein" ist gefühlvoller, emotionaler. Ich ziehe diese Art für das mentale Üben vor. Es gibt in der Deutlichkeit des Vorstellungsbildes auch enorme individuelle Unterschiede. Seien Sie nicht entmutigt, wenn Ihre inneren Bilder etwas blaß sind: die Fähigkeit, innerlich zu „sehen" und zu „erleben", kann noch weiterentwickelt werden.

Geschmack und Duft eines guten Rotweins beschwören beim Kenner (sogar für mich!) auch Vorstellungsbilder aus dem Bereich anderer Sinne herauf. Die Fähigkeit, zwischen solchen auf unterschiedlichen Sinnen basierenden Vorstellungsbildern vielfältige Assoziationen herzustellen, führt im allgemeinen zu besserer Wahrnehmung und Erinnerung.

Lassen Sie Ihre Vorstellungskraft sich entfalten. Je präziser, intensiver und plastischer Bewegungsabläufe als Bildfolge vor dem inneren Auge ablaufen, um so überwältigender ist der Erfolg. Dieses Prinzip ist für das mentale Üben außerordentlich wichtig. Viele berühmte Sportler führen die in ihrer Sportart entscheidende Bewegung stets erst im Geiste durch, ehe sie sie aktiv ausführen. Jack Nicklaus, der Spitzengolfer, führt nie einen Schlag aus, ohne zuvor eine genaue Vorstellung von jeder Phase seiner Bewegung und der Flugbahn des Balles vor seinem geistigen Auge heraufbeschworen zu haben.

Üben Sie Visualisieren! Jetzt!

Visualisierung ist lebhaftes Vergegenwärtigen – wir „benutzen" alle Sinne! Versuchen Sie sich mit der folgenden einfachen Visualisierungsübung! Die Wirkung wird mit vorangegangener tiefer Entspannung durch die aufnahmefähige und zugleich kreativere Alpha-Ebene noch verstärkt. Schließen Sie die Augen.

<u>Sehen:</u>

Stellen Sie sich vor:

- ✓ einen glasklaren See am Fuß eines Berges,
- ✓ die Farbe rot... blau... gelb,
- ✓ sich selbst beim Spielen Ihres Instruments oder beim Singen.

Hören:

Stellen Sie sich vor

- ✓ das Geräusch eines Rasenmähers,
- ✓ das Plumpsen eines Steins, der in einen Teich fällt,
- ✓ die erste Phrase Ihrer Lieblingssinfonie.

Tasten:

Stellen Sie sich vor:

- ✓ Sie springen in ein Becken voll kaltes Wasser.
- ✓ Sie streichen die rumpelige Oberfläche eines Golfballs.
- ✓ Sie zupfen eine Gitarrensaite.

Fühlen:

Stellen Sie sich vor:

- ✓ etwas wahnsinnig Komisches,
- ✓ etwas Ernstes,
- ✓ Ihre Aufregung vor einem Auftritt.

Riechen:

Stellen Sie sich vor:

- ✓ den Duft einer Zitrone,
- ✓ die Ausdünstung eines Misthaufens,
- ✓ das Aroma von frisch gemähtem Heu,
- ✓ den Geruch einer Opernbühne.

Schmecken:

Stellen Sie sich vor:

- ✓ die Säure einer Zitrone,
- ✓ die Süße von Schlagsahne,
- ✓ den Geschmack eines trockenen Oboenrohrs.

Schließen Sie die Augen und entspannen Sie sich ausführlich…

Sie sind in einem Ihnen vertrauten Zimmer. Was für Möbel-stücke, Fenster, Teppiche, u.ä. sehen Sie? Welche Farben nehmen Sie wahr? Setzen Sie sich auf Ihren Lieblingssessel! Ist der Duft vom Mittagessen noch in der Luft? Hören Sie vertraute Geräu-sche? Beobachten Sie im Detail dieses Zimmer… ! Kommen Sie langsam wieder hierher in die Gegenwart zurück… ! Aktivieren Sie sich, in dem Sie ein paar Mal tief einatmen! Räkeln und strecken Sie sich! Augen auf!

Nun eine kurze Übung für Fortgeschrittene:

Nun sind Sie so weit! Eine Visualisierung eines guten Vortrags oder Vorsingens wäre genau das Richtige!

Entspannen Sie sich und werden Sie innerlich ganz ruhig… !

Machen Sie 10 Atemzüge mit der verlängerten Ausatmung… !

Holen Sie sich vor Ihr geistiges Auge ein Bild darüber, wie Sie aussehen, wenn Sie gut spielen oder singen (Visuelles Erinne-rungsbild)!

Achten Sie in Ihrem Inneren auf die Töne, Klangfarben und die Tonqualität, die Sie hören, wenn Sie gut spielen oder singen. Er-schaffen Sie alle diese Klänge wieder, und zwar so lebhaft und klar wie möglich (Auditives Erinnerungsbild)!

Rufen Sie so klar wie möglich im Geiste alle körperlichen Emp-findungen wach, die Sie verspüren, wenn Sie gut spielen oder sin-gen. Richten Sie Ihre gesamte Aufmerksamkeit auf jegliche kör-perliche Empfindung, die Sie mit einem guten Spiel in Verbin-dung bringen (Kinästhetisches Erinnerungsbild)!

<u>Zukunftsvisualisierung:</u>

Nun stellen Sie Ihre Visualisierungspraktik auf die Zukunft um. Zuerst wiederholen Sie in Ihrer Vorstellung die Bedingungen, denen Sie sich voraussichtlich im nächsten Konzert oder in der nächsten Prüfung gegenübergestellt sehen. Schaffen Sie ein so klares und lebendiges Bild wie möglich von dem, was Sie wahrscheinlich erleben werden. Jetzt lösen Sie simultan den emotionalen Gefühlszustand aus, der Ihre besten Leistungen begleitet. Sehen Sie sich, wie Sie mit schwierigen Spielsituationen umgehen, während Sie gelassen, entspannt und völlig konzentriert bleiben sowie voll positiver Energie stecken!

Atmen Sie nun tief ein und aus! Zählen Sie von 5 bis 1 und bei 1 öffnen Sie die Augen! Recken und strecken Sie sich um Ihren Kreislauf wieder in Gang zu bringen!

Der Weg zum mentalen Üben steht Ihnen ab jetzt frei!

MENTALES ÜBEN

Wenn Sie bis jetzt richtig mitgespielt haben, entspannen und visualisieren können und auch Ihre Fähigkeiten ohne Selbstbetrug einschätzen können, hindert uns nichts mehr:

5.0.   WIR ÜBEN MENTAL!

Jetzt wollen wir unsere Musik mit der gesamten Macht und Gewalt unserer Vorstellungskraft ausüben. Vollständige Sammlung und Konzentration sind jetzt „ein Muß"! Abschweifende Gedanken sind nicht mehr gestattet, die dösenden, duselnden Phasen unserer Entspannungsarbeit vorbei. Ungehorsamerweise wird unser unruhiges Hirn vielleicht doch nicht gleich total in Warteposition gehen. Teilweise störende Gedanken schlängeln sich wieder ins Bewußtsein, verlangen nach Beachtung, werden mißachtet und verschwinden wieder – bis zum nächsten Gedanken. Diesen Zustand nenne ich „mentales Gelaber".

Doch damit umzugehen, haben wir in den vorigen Abschnitten gelernt. Wir können ihn jetzt, durch die richtige Einstimmung auf die Arbeit (aktiv und mental) mildern, oder tatsächlich völlig ausschließen. Unangenehme Gedanken sind tabu!

Versuchen Sie es zum Beispiel mit:

✓ Leiser Meditationsmusik im Hintergrund,

✓ Bequemer und warmer Körperlagerung,

✓ Ruhiger Umgebung.

Schon ein bißchen ruhiger? Gut!

✓ Jetzt werden alle Muskeln, vom Fuß bis zum Gesicht, kurz angespannt / entspannt.

✓ Es wird in positiver (!) Weise daran gedacht und ausgesprochen, was die Arbeitsziele für die nächste Stunde sind.:

1. „Ich suche die nötige Kontaktstelle aus und spiele stets dort ".

2. „Zufrieden gehe ich an die nächste Aufgabe".

3. „Durch sanftes Wiegen im Körper halte ich den Puls des Stückes regelmäßig".

4. „Ich übe mit vollkommener Aufmerksamkeit".

5. „Ich freue mich darauf, neue Aufgaben mutig zu bewältigen".

(Aber eben nicht: „Heute spiele ich die Stelle nicht wieder so hastig!" oder, ebenso fatal, „Diesmal verpatze ich den dritten Takt nicht". Positiv denken!!!).

Jetzt sind Sie entspannt; Wärme, Zufriedenheit und Zuversicht durchströmen Sie. Aber bitte: Vor lauter Wonne und Behagen nicht einschlafen!! Es ist zwar verständlich, aber erinnern Sie sich doch: Sie wollten üben, mental! Also: Damit Sie nicht in sanften Träumen dahinschlummern, von großen Erfolgen Ihrer perfekten Musik träumend, für die wir eben noch etwas tun müssen, ist eine wohldosierte Aktivierung angesagt. Auch soll schließlich das Instrument nicht in zu passiver, „schläfriger" Art gehandhabt werden. Nun räkeln, dehnen und strecken Sie sich, der Kreislauf wird wieder angeregt! Ihre positiven Gedanken dürfen Sie behalten!

Wir beginnen also mit den folgenden Übungen nach dem Entspannungs- und Vorstellungstraining, zunächst in kleinen Häppchen, die später immer schwieriger und komplexer werden.

5.1. Das Subvocale Üben (Das Üben von Bewegungsabläufen)

Sie wissen sicher noch aus Ihrer Schulzeit: Was ein hilfreicher Mitschüler vorsagte, konnte man wiederholen. Das gilt witzigerweise aber auch dann, wenn man selbst sein eigener Zuflüsterer ist. Die bestechende Idee des subvocalen Übens besteht darin, per Selbstgespräch sich selber „vorzusagen", was man wie zu tun hat. Was Sie sich nun freundlicherweise selbst erzählt haben, üben Sie im Anschluß mental.

Welcher Bewegungsablauf „fluppt" noch nicht so richtig? Suchen Sie sich zunächst ein möglichst einfaches Problem Ihrer musikalischen Ausführung. Die Noten lassen Sie schön liegen; es geht jetzt um Bewegungen wie Bogenführung im Abstrich bei Streichern, Lagenwechsel beim Oktavensprung bei Pianisten, Atmung bei Bläsern und Sängern, u.ä.

Als erstes werden die Teilbewegungsabläufe genau(!) aufgeschrieben, und zwar so genau, daß der Vorgang leicht und bildhaft vorgestellt werden kann. Nach einer Kurzentspannung wird diese Bewegungsbeschreibung laut vorgelesen und schließlich diese Handlung in der Vorstellung ausgeführt. Die Bewegungen werden „gesehen" und „gespürt". Sie sehen also: Diese Trainingsform besteht darin, sich den zu trainierenden Bewegungsablauf per Selbstgespräch vorzusagen, anschließend mental zu üben und schließlich aktiv auszuführen. Die Resultate sind binnen weniger Tage zu beobachten! So ist diese Trainingsform selbst für Ungeduldige geeignet, da das Vorstellen von Bewegungsabläufen wenig Zeit in Anspruch nimmt!

Mentales Trainieren von Bewegungen in 8 Schritten (nach Eberspächer: Mentale Trainingsformen in der Praxis, S. 90-91): Ungefähr so hat Eberspächer diese Übungsform schon aufgestellt. Probieren Sie selbst heraus, ob die Ihnen behagt.

1. Schritt: Wählen Sie einen Bewegungsablauf, den Sie mental trainieren wollen!

2. Schritt: Schreiben Sie ganz konkret und detailliert den gesamten Bewegungsablauf und was zur Ausführung seiner Technik notwendig ist, auf! Stellen Sie auch Ihre (inneren) Empfindungen mit dar!

3. Schritt: Lesen Sie jeden Tag mehrmals laut den Bewegungsablauf vor! Versuchen Sie den Bewegungsablauf so intensiv einzuprägen, daß Sie meinen, die Bewegung aktiv auszuführen! Dies ist Ihr innerer Film. Schauen Sie sich Ihren „inneren Film" (Zeitlupe) nach einer Entspannungsphase an mehreren Tagen jeweils 5 Minuten intensiv an!

4. Schritt: Wenn der „innere Zeitlupenfilm" problemlos läuft, suchen Sie sich die entscheidenden 5 oder 6 Stellen (Knotenpunkte) heraus, von denen Sie meinen, daß sie die Schlüsselstellen für die korrekte Ausführung sind. Springen Sie nun in Gedanken von Knotenpunkt zu Knotenpunkt, so daß die Vorstellung der Technik/Technikkombination eine ähnlich lange Zeitdauer in Anspruch nimmt wie die praktische Ausführung.

5. Schritt: Bezeichnen Sie die Knotenpunkte mit Kurzworten (z. B. „eins", „zwei" o.ä.)! Unterstützt durch diese Kurzworte bringen Sie nun die Bewegung in einen Rhythmus. Üben Sie den Umgang mit diesem Film so oft, bis er exakt die gleiche Zeitdauer in Anspruch nimmt wie die praktische Ausführung!

6. Schritt: Üben Sie auf diesem Niveau weitere 2 bis 3 mentale Trainingseinheiten! Sollten Schwierigkeiten bei der Vorstellung auftreten, so gehen Sie nochmals kurz zum 2. bzw. 3. Schritt zurück!

7. Schritt: Kombinieren Sie das mentale und das praktische Training (beispielsweise können auf 2 mentale Durchgänge 5-10 praktische folgen)!

8. Schritt: Trainieren Sie konsequent mental beim Üben, in Pausen oder bei kürzeren Unterbrechungen des Übens / Spiels.

Jetzt sind Sie dran!

Meine Bewegungsbeschreibung:

Was sind die „Knotenpunkte" der Handlung? Wenn ein Knotenpunkt nicht korrekt ausgeführt wird, können die folgenden nicht mehr erreicht werden. Diese Knotenpunkte werden mit einem Wort oder sogar einer Zahl als knappe Erinnerungshilfe und Auslöser notiert.

1. _____ 3. _____

2. _____ 4. _____

Ich empfehle eine Übungsserie von: 2x vorgestellt (M) und ein Mal aktiv (A), und zwar 3x zu verschiedenen Zeiten pro Tag:

M_____ M_____ M_____

M_____ M_____ M_____x 3

A_____ A_____ A_____

Teilbewegungen können auch durch subvokales Training zu einer kompletten Bewegung zusammengebaut werden.

5.2. DAS MENTALE ÜBEN VON MUSIKSTÜCKEN MIT NOTEN

Noch einmal die Bitte: Suchen Sie sich als Anfänger des mentalen Übens nicht zu heikle Stücke aus, besser sind sowohl technisch als auch musikalisch einfache Werke: Sonst endet das Ganze eher in Frust als in Lust. Das Singen der Abschnitte fordert/fördert das innere Hören. Zunächst wähle man nur recht kurze Abschnitte, die sich nach der Kompliziertheit des Stückes richten.

1. Kleine Abschnitte festlegen und einmal aktiv ausführen.

2. Es soll immer ausführlich entspannt werden.

3. Die Stelle anschauen und sie sich langsam bis sehr langsam ein- bis zweimal vorstellen.

4. Jetzt wird die Stelle aktiv ausgeführt.

5. Wenn ein Abschnitt neu ist, sollten Sie ihn sich 2 Tage langsam vorstellen, 2 Tage mittelschnell und 2 Tage im Tempo. Das Tempo, das richtig vorgestellt werden kann, kann auch aktiv musiziert werden!

6. Neulinge sollten Protokoll führen, um eine Kontrolle über ihre Fortschritt zu haben.

5.3. DAS MENTALE EINPRÄGEN VON MUSIKWERKEN

1. Zunächst werden zusammenhängende Töne, später 1-2 Takte, danach Phrasen und größere Zusammenhänge ein paarmal mit erhöhter Aufmerksamkeit durchgespielt.

2. Machen Sie die Augen zu und versuchen Sie, den Abschnitt innerlich durchzuspielen (das soll genau so lange dauern wie das „echte" Spiel)!

3. Anschließend kann versucht werden, den Abschnitt einmal mit geschlossenen, danach mit geöffneten Augen auswendig zu spielen.

4. Die Schritte 1-3 werden etliche Male wiederholt.

5. Verarbeitungspause

Idealerweise vollzieht sich beim mentalen Üben der ganze Vorgang innerlich, also ausschließlich im Kopf des Spielers. Leider ist die Welt nicht ideal, und es können unerwartete Probleme, vor allem mit der Konzentrationsfähigkeit, auftreten. Sollten Sie mit dem mentalen Üben Schwierigkeiten haben, ist dies kein Grund zum Verzweifeln. Besser, Sie legen einen Zwischenschritt ein. So können Sie auch das Stück innerlich verfolgen und auf dem Arm, Instrument oder Tisch „durchfingern"! Dabei werden Sie durch das motorische Gedächtnis unterstützt.

5.4. DAS AUSWENDIGGELERNTE ABSICHERN

1. Entspannung/Aktivierung

2. Die angestrebte Stelle von Noten real, also aktiv, im Zeitlupentempo ausführen.

3. 10 verlängerte Atemzüge oder Ihre Lieblingsentspannung

4. Die Stelle mental mit Noten im Zeitlupentempo üben.

5. Mini-Entspannung

6. Mit geschlossenen Augen die Stelle mental im Zeitlupentempo auswendig üben.

7. Die Stelle aktiv (Zeitlupe)

    a) mit Noten (Augen auf)

    b) ohne Noten (Augen zu)

    c) ohne Noten (Augen auf) ausführen.

8. Mini-Entspannung von ca. 2 Minuten

9. Schritte 2-7 im Tempo wiederholen

10. Verarbeitungspause von mindestens 5 Minuten.

Also:

✔ Das Stück wird in Abschnitte eingeteilt.

✔ Je schwieriger das Stück, desto kleiner müssen die Portionen sein.

✔ Jede Portion wird auswendig gelernt.

✔ Die Portionen werden abwechselnd real am Instrument und im Kopf (mental) geübt.

✔ Mnemotaxis – Das Finden eines Weges nach der Erinnerung: Das Werk kann in größere, sinnvoll-logische Einheiten eingeteilt werden, die innerlich an Bereiche eines bekannten Raumes verknüpft werden. Beim Musizieren „wandert" man im Geiste die Bereiche durch. Als Merkhilfe beim Auswendiglernen und Nothilfe bei Gedächtnislücken im Konzert unerläßlich! Stellen Sie sich ein Zimmer vor! An markanten Punkten des Zimmers verankern Sie einzelne Phrasen oder gar Abschnitte. Wandern Sie im Geist während des Vortrags durch das Zimmer und bleiben bei den Objekten stehen, die Sie mit den Musikabschnitten verankert haben. Zum Beispiel: Die erste Phrase eines Liedes ist die Vase rechts neben der Tür, die zweite das grelle Bild weiter drüben auf der rechten Wand, usw. Verankern Sie die Stellen mit passenden Gefühlen, die ausgelöst werden durch Erinnerungsbilder.

✔ Die Abschnitte eines Werkes können auch mit Farben verknüpft werden. Dies ist eine ausgezeichnete Technik, um analoge Stellen auseinander-zuhalten! Wenn Sie die Abschnitte mental sowie aktiv üben, „sehen" Sie die Farbe dazu! Sagen Sie auch vor oder sogar während des Musizierens die Farben laut vor, damit sie mit der Musik fest verankert werden.

✔ Alles was Sie sich bildhaft vorstellen können, ist leichter aus dem Gedächtnis abzurufen. Untermalen Sie also die Musikstücke mit Geschichten und Handlungen als Merkhilfe. Ich habe einmal einem meiner Schüler vorgeschlagen, er möge eine bestimmte schwierige Etüde als Zirkus sehen. Die Phrasen suggerierten Tiere, Akrobaten, Clowns, Zirkusdirektor usw. Der Schüler merkte sich das Stück viel schneller und – durch die Vorstellung als Gestaltungshilfe – spielte er noch lebendiger und interessanter!

5.5. DAS SCHNELLE SPIEL MENTAL GEÜBT

Viele Leute glauben, es genüge, eine Stelle ganz langsam zu üben und dann das Tempo nach und nach zu beschleunigen. In vielen Fällen reicht diese Methode auch tatsächlich aus. Wenn die Stelle die erwünschte Schnelligkeit doch nicht erreicht, muß jedoch eine andere Methode her.

Unser Gehirn schafft es ab einem gewissen Tempo nicht, sich von Ton zu Ton zu entscheiden, was und wie Bewegungen zu steuern sind. Dann müssen wir Töne gruppieren und uns nur Einzelaspekte als Anhaltspunkte (Knotenpunkte) einprägen. Hieraus ergibt sich ein Muster bzw. ein Rhythmus, der leicht überschaubar und dadurch rasch steuerbar ist.

Wenn z.B. ein Aspekt (Fingersatz, Griff, Ab- oder Aufstrich, Schwerpunkte, Lagenwechsel, u.a.) herausgegriffen, betont und wenn möglich verbalisiert wird, ergibt sich ein Rhythmus zum „Festhalten". Die anderen Töne laufen „von selbst".

Sie können, zum Beispiel, bei einem Lauf alle Töne hervorheben, die vom 1. Finger gespielt werden. Betonen Sie diese Töne und sagen Sie die Fingerzahl (später können Sie ergänzenderweise stattdessen die Notennamen sagen)!

$$\overset{>}{1} \quad 2 \quad\quad 4 \quad\quad 4 \quad\quad 2 \quad \overset{>}{1} \quad \overset{>}{1} \quad 3 \quad\quad 2 \quad \overset{>}{1} \quad 3 \quad\quad 2 \quad \overset{>}{1}$$

„EINS!" ... „EINS!" „EINS!" ... „EINS!" ... „EINS!"

Sie werden merken, daß durch die Betonung und Verbalisierung sich ein Rhythmus herauskristallisiert, an dem es sich leichter entlanghangeln läßt.

✔ Suchen Sie einen Aspekt oder Parameter aus, der nicht konstant vorkommt! Das sind die Knotenpunkte.

✔ Enspannen Sie sich kurz!

✔ Verfolgen Sie, während Sie innerlich spielen oder singen, nur diesen Parameter! Verbalisieren können Sie auch „im Geiste"!

✔ Spielen Sie innerlich aber sprechen Sie die Knotenpunkte (z.B. alle Abstriche; alle D's, die vorkommen; alle Töne, die mit dem 1. Finger gespielt werden; alle Lagenwechsel oder Saitenwechsel) laut aus!

✔ Bei dem aktiven Durchgang können Streicher, Gitarristen und Pianisten die Knotenpunkte immer noch laut sprechen. Andere halten sich innerlich daran fest.

5.6. MUSIKSTÜCKE AUSSCHLIESSLICH MENTAL LERNEN

Jetzt kann ein kurzer Satz auswendiggelernt werden, ohne vorher gespielt worden zu sein. Zum Einprägen der Noten schlage ich folgende Schritte vor:

✔ Durchlesen des zu lernenden Abschnitts;

✔ Feststellen (systematisches Nachdenken), wie das Stück aufgebaut ist;

✔ Feststellen und Verbalisieren aller Details, wie Takt, Tonart, Harmonien, Motivbewegung, Kontrapunkt, Sequenzbewegung usw. (als ob man einem Blinden dieses Stück so diktieren müßte, daß er anschließend imstande wäre, das Werk zu spielen);

✔ Kurze Abschnitte einteilen und abwechselnd mit Entspannungsphasen innerlich spielen;

✔ Die Noten jeden Tag ohne Instrument anschauen und anschließend versuchen, sich das Stück mit geschlossenen Augen vorzustellen;

✔ Merkpunkte als Orientierungs- und Gedächtnisstützen festlegen. Bei der Arbeit mit Kindern, aber nicht nur dort, können noch kleine Tricks eingesetzt werden. Um Schüler zu motivieren, die Notenabschnitte möglichst rasch auswendigzulernen, werden die Noten so weit weg vom Instrument hingelegt, daß der Schüler aufstehen, hingehen und nachschauen muß, wenn er steckenbleibt. Die dauernde Aufsteherei ist so lästig, daß der Lernwille schnell geweckt wird! Es reicht nicht, die Noten beim Spielen zu lesen und zu meinen, das Auswendigspielen komme irgendwann

5.7. DAS EINPRÄGEN DER NOTEN NACH LEIMER/GIESEKING

Das Einprägen der Noten nach Leimer/Gieseking setzt ein deutlich ausgeprägtes Können in Musiktheorie, Harmonie und Analyse sowie Kenntnisse der kompositorischen Form voraus. Das Notenbild wird eingeprägt, indem der Aufbau der Komposition reflektiert wird. Takt und Tonart, Motive, Intervalbewegung ab- und aufwärts, Umwandlungen (z.B. als Kontrapunkt oder Umkehrung) u.ä. werden genauestens untersucht und eingeprägt. „Das Durchspielen der Invention ist beim Studium derselben nicht ratsam, ja, ich verbiete es geradezu. Ich halte es für praktisch, immer nur kleine Stellen und diese lange zu üben, damit die vom Ohr aufgedeckten Unebenheiten sofort und wiederholt korrigiert werden können." (Leimer-Gieseking: Modernes Klavierspiel).

Eine meiner Studentinnen, die jetzt als Cellistin in einem guten Orchester spielt, nutzte die Bahnfahrt nach der Unterrichtsstunde, um ihre Etüde auswendig zu lernen. Als sie zu Hause ankam, war sie in der Lage, die Etüde auswendig vorzutragen. Sagenhaft!

5.8.   MENTALE ARBEIT MIT METRONOM

(Voraussetzung vor jedem mentalen Durchgang ist die Entspannung)

1. Das Metronom wird so eingestellt, daß das Stück sehr langsam gespielt werden muß. (Entspannung)

2. Mit geschlossenen Augen soll versucht werden, den Abschnitt im Kopf mit Metronom durchzuspielen (Wenn erwünscht, kann der Abschnitt anschließend im langsamen Tempo mit Noten real durchgespielt werden).

3. Die Augen sind geschlossen. Der Abschnitt wird auswendig zwei- bis dreimal mit Metronom gespielt. (Entspannung)

4. Die Noten werden jetzt angeschaut, und die Stelle wird mit Metronom innerlich durchgespielt.

5. Jetzt wird die Stelle ohne Metronom, aber mit geöffneten Augen, auswendig, real gespielt.

6. Ab jetzt wird das Tempo minimal erhöht, und die Schritte 2-5 werden nochmals durchgeübt.

7. Das Tempo wird jeweils nur um so viel erhöht, daß die Stelle innerlich verfolgt werden kann!

Wir wären nicht Musiker, wenn wir nicht eine unbändige Lust zum Musizieren spürten. Wenn Sie einfach nur losspielen möchten, geben Sie sich Ihren Gelüsten hin, aber nennen Sie das nicht unbedingt üben! Fertig? Satt? Dann machen wir uns wieder an die Arbeit!

5.9. SUPERÜBEN!

1. Stelle durchspielen und einprägen (Forschungen haben gezeigt, daß der Wille, sich etwas einzuprägen, die Effektivität des Auswendiglernens erheblich erhöht!)

2. Entspannen / mental mit Noten üben (2x).

3. Aktiv / auswendig (Augen zu) (2x).

4. Linke Hand allein real, aber ohne Klang; rechte Hand allein real, aber ohne Klang ("in der Luft streichen!") BODY REHEARSAL heißt diese Technik auf Englisch.

5. Entspannen / mental 2x (1.auf das Notenbild achten; 2.auf die Bewegung achten).

6. Aktiv (Augen zu) 2x.

7. Entspannen / mental – die Augen sind noch geschlossen 2x.

8. Aktiv (Augen auf) 2x.

5.10. INTERPRETATION, ODER: DIE „MENTALE CD"

Ich betrachte die mentale Arbeit an der Interpretation eines Musikwerkes als Dessert, weil es am meisten Spaß macht. Jetzt wird nicht mehr innerlich gespielt oder gesungen, sondern das Stück wird gehört, empfunden, gestaltet, wie wir es gerne hätten. Das Werk fließt und wir innerlich mit! Das Gewohnte läuft „von selbst", das Oberbewußtsein ist frei. Voraussetzungen für das Gelingen sind eine vollkommene Entspannung, genaue Klang- und Tempovorstellung sowie korrekte Einschnitte. Die Abschnitte können ver- zwei- bis verdreifacht werden, weil die Technik schon sitzt (Da wir innerlich „nur" gestalten und mitfließen, ist es aber auch möglich, die Interpretationsvorstellung frühzeitig einzuleiten. Das Gehirn hat dadurch eine sehr genaues Konzept, wo es hinarbeiten muß.).

1. Zehn verlängerte Atemzüge.

2. Mit geschlossenen Augen den Abschnitt im Tempo innerlich hören, mitschwingen, gestalten, verfolgen. Es kann körperlich mitbewegt, vielleicht mitdirigiert werden.

3. Den Abschnitt im Tempo aktiv ausführen. Der Kopf ist ausgeschaltet, es wird nicht mehr gedacht. Nur musizieren und genießen! Die Augen sind noch geschlossen.

4. Die Augen sind jetzt geöffnet, aber die Stelle wird weiterhin auswendig real musiziert.

5. Schritt 1-4 werden zwei- bis dreimal wiederholt, und bei jedem mentalen Durchgang wird an der Interpretation gefeilt und ergänzt. Bis an die Grenze gehen!

5.11. DER INNERE DIRIGENT

Wir sind in der Lage, innere Bilder während des aktiven Musizierens zu sehen. Es kann sich eine Person (oder vielleicht nur deren Hände) vorgestellt werden, die uns (1) den Puls gleichmäßig vorgibt und (2) die empfundene Interpretation darstellt. Meine Schüler berichten auf positivste Weise von dieser Art zu musizieren:

„Plötzlich habe ich die lang ersehnte rhythmische Genauigkeit!"

„Meine Gestaltung des Stückes ist fließender und dynamischer geworden."

„Ich bin durch den ‚inneren Dirigenten' jetzt in der Lage, die nötigen pädagogischen Nuancen musikalisch und logisch zu realisieren."

„Ich fühle mich nicht mehr allein, wenn ich auftrete!"

1. Die angestrebte Fertigkeit oder Passage („Portion") einmal real ausführen.

2. Die Augen schließen.

3. Mit der verlängerten Ausatmung entspannen.

4. Die Stelle innerlich spielen und den inneren Dirigenten sehen. Genau nach seinen Zeichen musizieren.

5. Mit noch geschlossenen Augen die Stelle aktiv ausführen und dabei den inneren Dirigenten vorstellen.

6. Etwas schwieriger, aber dennoch möglich ist es, mit geöffneten Augen zu spielen und sich trotzdem den inneren Dirigenten vorzustellen.

5.12. ANGSTSTELLEN VERHINDERN ODER ABBAUEN

Mit mentalem Üben bauen wir auch vorhandene oder sich anbahnende Blockaden und Hemmungen ab. Durch das Entspannungstraining haben wir eine erhöhte Wahrnehmung von Spannungen im Körper. Bei der Arbeit mit einem neuen Werk, spüren wir relativ schnell, wo „Angststellen" entstehen können und sind in der Lage, die Blockaden im Keim zu ersticken. Wir müssen häufig „alte" Ängste abbauen, die nicht mehr berechtigt sind. Diese Ängste sind Überbleibsel aus der Zeit, in der wir ein Werk neu gelernt haben und bestimmte Stellen unser technisches Können überfordert haben. Jetzt bereiten die gleichen Stellen keine technischen Probleme mehr, aber die Angst ist noch fest mit der Stelle verankert.

1. Das Werk wird real ausgeführt, und es wird genau beobachtet, wo Spannungen auftauchen. Diese betreffenden Stellen werden mit Bleistift markiert. Die Ausschnitte werden mit mentalen Übemethoden bearbeitet, bis sie keine Gefahr mehr darstellen. Danach können Sie die Markierungen entfernen.

2. Nun wird das Werk wieder im Zusammenhang ausgeführt und erneut auf Spannungen und Hemmungen untersucht. Wo genau werden selbst Kleinstspannungen gespürt? Jetzt können wir vier mentale Übemethoden anwenden, die eher psychoregulative Techniken sind.

2.1. Fangen Sie an, anderthalb bis zwei Takte vor der betreffenden Stelle innerlich zu spielen. Sobald Spannung zu spüren ist, innehalten… entspannen… wieder von vorne anfangen. Nach und nach können Sie sich die Stelle ohne Verspannung vorstellen.

2.2. Vor der Stelle, sobald Spannung zu spüren ist, stoppen… entspannen… weiter im Geiste spielen, solange die Spannung nicht erneut auffällt. Sobald Spannungen wieder auftreten, innehalten / entspannen / im Geiste weiterspielen. Das Ziel ist, mit nur einmaligem Abstoppen vor der Stelle die Passage ohne Spannung durchzuspielen. Von da an dauert es nicht lange, bis das Abstoppen nicht mehr nötig ist. Probieren Sie anschließend diese Übung aktiv aus!

2.3. Es wird abgestoppt, entspannt und eine Affirmation gesprochen. Bei jeder Entspannung wird ein Satz der Zuversicht und Freude (Affirmation) entweder leise verbalisiert oder innerlich gedacht. Wenn die Spannung z.B. durch steife Finger bei einer schnellen Stelle verursacht wird, könnte man sagen: „Meine Finger sind locker und flink!"

2.4. Statt Affirmationen können innere Bilder als Orientierung benutzt werden. Es wird abgestoppt, entspannt und ein inneres Bild – um an das Beispiel von 2.3. anzuknüpfen – von lockeren, schnellspielenden Fingern oder einfach ein Entspannungsbild (ruhiger See) gesehen.

5.13. SINNE-VOLLES ÜBEN

Um ganzheitliche oder gehirngerechte Fortschritte zu erzielen, setzen Sie soviele Lernkanäle wie möglich ein. Die Arbeit der linken Gehirnhälfte (wie Denken, Rechnen, Schreiben, Analysieren) läuft so gut wie immer mit vollem Bewußtsein ab. Wir müssen uns also konzentrieren, um ein ordentliches Ergebnis zu erzielen. Die Arbeit der rechten Gehirnhälfte (Bilder, Farbe, Musik, Phantasie, Singen) läuft wiederum meistens unbewußt und in Bildern ab. Leider lernen wir zu oft „mit links"! Berufsmusiker, die erfolgreich auswendigspielen, verlassen sich außerdem sowohl auf frühere Sinneseindrücke, die z.B. über die Finger aufgenommen wurden (haptisch=Tastsinn) als auch auf das räumlichvisuelle und das akustische Gedächtnis. Wenn wir ganzheitlich lernen, bieten wir beiden Hälften Information an und zwar gehirngerecht!

1. Entspannen

2. Ausschnitt vorstellen, und zwar
   2.1. Finger (Mund, Lippen, Arme, usw.) spüren (taktil)
   2.2. saubere Töne genau hören (auditiv)
   2.3. Rhythmus klopfen oder sprechen
        (haptisch / auditiv / beide Gehirnhälften)
   2.4. singen und Puls dirigieren (auditiv/haptisch)
   2.5. Körperbewegung beobachten / spüren
        (Bewegungsgefühl)
   2.6. Notentext aufschreiben
        (linke Gehirnhälfte / taktil / visuell)
   2.7. Notentext mit farbigem Textmarker gliedern
        (gehirngerecht!!)
   2.8. Notennamen (Fingersätze, o.ä.) laut sagen
        (Hören / Sprechen).

Also: Nutzen Sie Ihre stärksten Eingangskanäle und bauen Sie Ihre schwachen auf!

5.14. ÜBE-KARUSSELL

Sie haben mehr vom Üben, wenn Sie den gleichen Abschnitt mehrmals wiederholen, aber jeweils unter anderen Gesichtspunkten. Ich vergleiche diese Technik mit einer Karussellfahrt: Ein Aspekt des Spiels („Stütze") steigt aufs Karussell und fährt ein paar Runden. Danach steigt „Stütze" ab, und „Intonation" fährt vier- bis fünfmal!

1. Entspannung

2. Üben Sie Ihren Abschnitt mental und richten Sie Ihre Aufmerksamkeit auf nur einen Aspekt des Spiels, wie Intonation, Atmung, Zwerchfell, Lagenwechsel, Griffe, Klangfarbe, Ton, Stütze usw.!

3. Üben Sie die Stelle zwei- bis dreimal aktiv und beobachten Sie nur diesen Aspekt!

4. Mini-Entspannung

5. Üben Sie die Stelle zwei- bis drei mal mental und beobachten Sie auch nur diesen Aspekt!

6. Führen Sie die Stelle wieder aktiv aus und beobachten Sie den gleichen Aspekt! Wiederholen Sie ggf. noch ein paarmal, bis Sie zufrieden sind aber nie so oft, daß Ihre Aufmerksamkeit nachläßt! Nachdem Sie die gleiche Stelle unter verschiedenen Aspekten mental / aktiv geübt haben, machen Sie eine fünfminütige Verarbeitungspause! Gönnen Sie Ihrem Geist absolute Ruhe!

5.15. „AUF-DIE-SPRÜNGE -HELFEN"

Wenn Sie gefürchtete Sprünge bewältigen wollen (und wer möchte das nicht?), probieren Sie folgende Schritte:

1. Üben Sie den Zielton, bis Sie ihn herrlich ausführen können! Arbeiten Sie so lange mit diesem Ton, bis Sie absolut zufrieden sind!

2. Fünf verlängerte Atemzüge.

3. Stellen Sie sich diesen Zielton vor!

4. Führen Sie den Zielton aktiv aus!

5. Zehn verlängerte Atemzüge (Verarbeitungspause!).

6. Führen Sie die Schritte 1-5 mit dem Ausgangston, also mit dem Ton vor dem Sprung aus!

7. Nun stellen Sie sich beide Töne vor, aber machen Sie zwischen beiden Tönen eine Pause!

8. Nun führen Sie beide Töne aktiv aus und machen Sie ebenfalls zwischen beiden Tönen eine Pause!

9. Wiederholen Sie die Schritte 7 und 8 und kürzen Sie dabei nach und nach die Pause!

5.16. ÜBE-KNÜLLER

Nun kombinieren wir bekannte Übetechniken:

1. Die Stelle wird aktiv eingeprägt (evtl. langsam).

2. Fünf verlängerte Atemzüge.

3. Mental mit Noten üben.

4. Aktiv mit Noten üben.

5. Geniessen Sie Ihre „Mental-CD" (s. Interpretation)! Lassen Sie die inneren Klänge einfach strömen!

6. Führen Sie die Stelle aktiv mit geschlossenen Augen aus und denken Sie dabei an gar nichts! Nichts wollen!

7. Führen Sie die Stelle aktiv mit geöffneten Augen aus und denken Sie auch dabei an gar nichts! Einfach geschehen lassen!

8. Nehmen Sie Ihnen für diese Stelle wichtig erscheinende Aspekte und behandeln Sie sie mental und aktiv (s. Übe-Karusell)!

9. Machen Sie unbedingt eine Verarbeitungspause!

5.17. „ICH BIN SCHON DA!"

Schwere Sprünge lassen sich auch wie folgt bestens bewältigen: Man greift die Zielnote, spielt sie jedoch nicht. Die dahinführenden Töne und der Sprung werden innerlich vorgestellt. Danach: Die Töne davor werden innerlich durchgespielt und der Zielton wird aktiv gespielt. Wenn Sie diesen Vorgang ein paarmal wiederholen, sorgt das Gehirn für das „Wie" des Wechsels. Jetzt klappt der Wechsel auch!

5.18. ZUSÄTZLICHE TIPS

Um mit zunehmenden Können sich neuen Herausforderungen zu stellen, probieren Sie folgende Übe-Weisen:

✔ Üben Sie innerhalb einer Passage abwechselnd aktiv und mental!

✔ Ehe Sie mit dem aktiven Spiel anfangen und Ihr Instrument schon quasi im „Anschlag" ist, stellen Sie sich die Stelle mental vor! Anschließend aktiv musizieren!

✔ Schalten Sie Ihr „Selbst 1" (Gallway: Tennis und Psyche) bzw. die linke Gehirnhälfte während des Übens ein, spielen Sie eine Weile in analytisch / logisch denkender Weise, dann schalten Sie wieder „nach rechts" (geschehen lassen) um! Wechseln Sie öfter zwischen beiden Modi, um nicht schockiert zu werden, wenn dies im Konzert geschieht!

✔ Als kleine Gedächtnishilfe verfolgen Sie mit dem Finger oder einem Stift das Notenmuster auf dem Blatt! Die visuelle Erinnerung wird durch die Augenbewegung, die kinästhetische Erinnerung durch die Arm- bzw. Handbewegung unterstützt. Es entsteht auch ein gedächtnisstützender Bewegungsrhythmus.

5.19. DAS MENTALE ÜBEN MIT KINDERN

Es wird zunächst nötig sein, den Vorgang des mentalen Übens etwa durch Abfragen oder per Durchsprechen von einem Lehrer kontrollieren zu lassen. Wenn der Lehrer mit dem Schüler sehr vertraute Aktionen, Tätigkeiten und Bewegungen sehr lebhaft und im Detail durchspricht, wird der Schüler wahrscheinlich in der Lage sein, diese Bewegungen im Geiste zu „erleben", z.B.

✔ „Den Ständer beim Fahrrad mit dem rechten Fuß 'runter drücken!"
(Welche Hand hält den Sattel fest? Welche Hand ist am Lenker? Wie fühlt sich es an, wenn das rechte Bein gehoben wird? usw.).

✔ „Den Arm heben und die Finger fest strecken!"

✔ „Mit einer Nadel leicht gegen einen Finger drücken… den Druck etwas erhöhen!"

✔ „Aufstehen, zur Tür gehen und öffnen!"

Ein schönes Spiel für Kinder mit Elementen des mentalen Übens geht so: Ein einfaches Stück vom Repertoire oder ein simples Kinderlied wird vom Schüler ausgesucht. Zwei Zeichen werden vereinbart, z.B.: ein Finger vorm Mund bedeutet: „nicht spielen – nur denken!" und eine Hand hinter dem Ohr heißt: „spielen!". Jetzt beginnt der Schüler zu spielen, und zwar so lange, wie der Lehrer (oder ein Mitschüler) die Hand hinter dem Ohr hat. Kommt das Zeichen: „Finger vor dem Mund!", muß innerlich weitergespielt werden, bis das Zeichen zu: „Spielen!" wiederkommt. Dieses Spiel ist auch mit einer Gruppe ausgezeichnet durchzuführen! Manchmal muß ein Metronom zu Hilfe genommen werden.

Kinder können sehr wohl mental üben, aber nicht jedes vermag es mit der gleichen Leichtigkeit! Wenn Sie langsam anfangen, z.B. mit einzelnen Takten und fragen: „Welche Note ist am Anfang des zweiten Taktes?" „Was für einen Rhythmus hat der 4. Schlag im ersten Takt?" usw., lernen Kinder, Musik nicht ausschließlich durch den klanglichen Ablauf innerlich zu verfolgen. Der „Aha"-Effekt stellt sich allerdings nicht so schnell ein, und die Kinder werden diese Übe-Technik wahrscheinlich zu Hause nicht freiwillig anwenden. Bleiben Sie trotzdem im Unterricht dran! Kinder ab dem 12. Lebensjahr wenden viele dieser Techniken gern spontan an.

Wenn ich mit Kindern mental übe, nehme ich gern ein Metronom zu Hilfe. Wir teilen ein Stück auf und wechseln aktive und mentale Technik ab! Das Metronom dient dazu, ehrlich zu bleiben und nicht durch das Stück durchzuhuschen. Mentales Üben macht in der Gruppe besonders viel Spaß! Die Spieler wechseln sich beim gleichen Stück mit aktivem Spielen ab. Die Lehrperson gibt ein Zeichen, wer jeweils „dran" ist, also real spielen soll. Ein Abschalten der Teilnehmer wird dadurch vermieden, ja, die Luft „knistert" geradezu vor Aufmerksamkeit!

ERFOLGREICHER ÜBEN: EINE KLEINE LERNKUNDE

Viele Studenten und allzuviele Berufsmusiker verschenken eine Menge ihrer Übezeit. Aus den Übungsstunden ist gewiß mehr herauszuholen und es wird weniger Zeit vergeudet, wenn man weiß, wie man lernen soll, wie Lernblockaden zu vermeiden sind und wie wichtig die Motivation ist. Notwendigerweise muß zwischen dreierlei Arten von Erinnerungsvermögen unterschieden werden: Das erste, das Ultrakurzzeit-Gedächtnis, hat ein begrenztes Fassungsvermögen und kann nur wenig Information für eine sehr kurze Zeit speichern. „Alle durch die Sinneswahrnehmungen, durch das Auge, das Ohr oder die Haut ankommenden Impulse kreisen zunächst einmal in Form elektrischer Ströme und Schwingungen in unserem Gehirn, wo sie nach zehn bis zwanzig Sekunden wieder abklingen... Mangelndes Interesse (Motivation!), fehlende Assoziationsmöglichkeiten oder störende Zusatzwahrnehmungen (Schmerz) lassen die elektrisch kreisenden Erstinformationen ohne festere Speicherung abklingen." (Vester, 1978)

Die im Gehirn kreisenden Informationen müssen abgerufen und an bekannten Gedankeninhalten verankert werden. Glücklicherweise sind erfahrene Musiker nicht mehr am „Punkt Null" ihrer Fertigkeiten! Sie verfügen über eine große Anzahl komplexer Gebilde, die nicht immer wieder zerlegt werden müssen! Für einen Anfänger ist eine Oktave der C-Dur-Tonleiter voller Teilstrukturen, die die Lehrperson im Sinne des kleinsten zu bewältigenden Schrittes aufgliedern muß. Professionelle Musiker dagegen brauchen nur bis zu der nächstliegenden komplexeren Form aufzugliedern, um das Neugelernte zu vereinen, zu verknüpfen. Hiermit sparen Sie Zeit und Energie, da diese komplexen Gebilde sozusagen schon „auf Lager" sind.

„So kurz die Verweilzeit in unserem Gedächtnis auch ist, sobald wir die Information innerhalb dieser paar Sekunden abrufen, sobald wir sie irgendwelchen bereits gespeicherten Gedächtnisinhalten zuordnen und eine Resonanz mit schon vorhandener Erinnerung erzeugen, können wir auch die neuen Eindrücke vor dem Verlöschen retten." (Vester).

„Der Erfolg des Lernens hängt von der Dichte der Verknüpfungen ab: Ein Inhalt, der über mehrere verschiedene Kanäle gelernt wurde, haftet fester im Gedächtnis." (Mantel, 1987). Lautes Sprechen und Aufschreiben des Notentextes zum Beispiel, verstärken den Lernvorgang.

Das Kurzzeitgedächtnis hat ebenfalls eine begrenzte Kapazität. Es kann ungefähr 15-16 Informationseinheiten (Bit) pro Sekunde aufnehmen und diese 10 Sekunden behalten, d.h. 150-160 Bit haben wir zur Verarbeitung gegenwärtig. Werden die Informationen zu dicht gedrängt hintereinander aufgenommen, geht ein Teil von ihnen verloren; es bleibt dann dem Zufall überlassen, welcher Teil behalten wird. Also: Nicht zuviel, zu schnell und nicht ohne Pause lernen! Das sollte auch uns Pädagogen hoffentlich daran hindern, zuviel zu schnell anbieten zu wollen! Das Kurzzeitgedächtnis ist das bewußte und operative Gedächtnis, in dem die Informationsverarbeitung stattfindet. Jede Information bleibt ca. 20 Minuten im Kurzzeitgedächtnis, ehe sie ins Langzeitgedächtnis aufgenommen wird.

Das Langzeitgedächtnis besteht in einer Veränderung der Molekülstruktur. Diese Veränderung kann nur vor sich gehen, wenn die Kreisprozesse des Kurzzeitgedächtnisses eine gewisse Zeit lang ungestört ablaufen können. Theoretisch hat das Langzeitgedächtnis ein unbegrenztes Fassungsvermögen. Das Übertragen der Informationen aus dem Kurzzeitgedächtnis ins Langzeitgedächtnis verlangt eine gewisse, störungsfreie Zeit. Deshalb können Pausen als ein Festhalten von Informationen betrachtet werden.

Die allerbeste Methode, den neuen Stoff zu behalten, ist, nach dem Lernen zu schlafen! Wenn Sie eine Stelle ausgiebig geübt haben, machen Sie eine kurze Pause, damit sich das Gelernte „setzen" kann! In den Pausen wird eigentlich erst „gelernt"!

Zur Veranschaulichung zeichne ich für meine Schüler ein Bild von einem Kopf mit Trichter. Wenn zu viel Lernmaterial ohne die nötigen Pausen zur Verarbeitung aufgedrängt wird, „schwappt" – bildlich gesprochen – ein großer Teil des zu lernenden Stoffs über und geht verloren! Sie müssen nicht nur wissen, daß das Gehirn in den Pausen für Sie arbeitet; Sie müssen davon überzeugt sein! In dem Maße, in dem Sie Vertrauen zu Ihrem Gehirn gewinnen, nimmt das Vertrauen in Sie selbst und in Ihre eigenen Fähigkeiten zu!

Jede Art von Aufregung oder große gefühlsgeladene Erlebnisse können den Lernprozeß stören. Das Gehirn muß von anderen Gedanken frei sein, bevor das Üben wirksam werden kann. Das Gleiche trifft bei Aufregung nach dem Üben zu. Der schwer erarbeitete Stoff kann verlorengehen. Wenn man einen relativ langen Abschnitt von einem Stück (A) lernt und ohne Pause noch einen zweiten Abschnitt (B) hinzufügt, behält man weniger vom ersten Abschnitt, als wenn man nichts Neues in der Zwischenzeit gelernt hätte. Tatsache ist, daß nicht nur ein Teil des ersten Abschnitts verlorengegangen ist, sondern auch ein Teil des zweiten. Die dunkle Fläche in der Abbildung kann man als verlorene Zeit, Information oder Energie betrachten (proaktive und retroaktive Hemmungen):

Beim Einüben verwandter Passagen treten sogar stärkere Störungen auf (Ähnlichkeitshemmung). Üben Sie immer gegensätzliche Passagen nacheinander! Parallele Passagen sollten nur dann nacheinander geübt werden, wenn ein Stück gut gelernt ist, um latente Schwächen festzustellen. Es ist ebenfalls unklug, etwas Neues kurz vor einem Konzert auswendig zu lernen. Passagen, die vorher absolut sicher waren, können plötzlich vergessen werden, wenn man unter Spannung steht! Es ist in der Tat besser, auswendig-gelernte Stücke gerade vor einem Konzert von Noten zu spielen, als das Gedächtnis kurz vor dem Auftreten zu testen. Dies ist besonders wichtig für unerfahrene Musiker.

Es ist notwendig, sich Übungsziele zu setzen, die innerhalb kurzer Zeit zu erreichen sind. Weil die Aufmerksamkeitsspanne eines Menschen etwa 20 Minuten beträgt, sollte man sich eine Aufgabe stellen, die innerhalb dieser Zeit zu Ende geführt werden kann. Unerreichte Ziele sind an Mißerfolgsgefühlen schuld: Entweder verliert man die Lust, neue Aufgaben anzugehen, oder man lernt, halbfertige Arbeit zu akzeptieren.

Wenn das erste Ziel erreicht ist, ist es wichtig, eine kurze Pause von etwa 5 Minuten zu machen. Ideal ist es, die Unterbrechung auf 20 Minuten auszudehnen, weil just diese Zeit benötigt wird, um die Informationen dem Langzeitgedächtnis zuzuführen. Als nachteilig erweist sich allerdings die dann erneut nötige Aufwärmzeit.

Die nächste, 20 Minuten lange Übungseinheit sollte einen zum Vorhergegangenen völlig verschiedenen Stoff enthalten und mit einer Pause abgeschlossen werden. Vermeiden Sie es, sich in den Pausen geistig zu beschäftigen: Kurz frische Luft zu schnappen oder etwas zu trinken, ist eher zu empfehlen! Ich mache gern Aerobic und Tanzvideos mit!

Dieser Übungsablauf kann mehrmals am Tag wiederholt werden, aber es ist nie ratsam zu üben, wenn man übermüdet ist. Dann ist ein Spaziergang oder ein Schläfchen besser, als unaufmerksam Passagen durchzuspielen oder stundenlang Fingergymnastik zu machen. Die Stunden am Tag, die das höchste Leistungsvermögen aufweisen, sollten für das Üben reserviert sein. Machen Sie sich diese festen Lernzeiten zur Gewohnheit!

Man kann erkennen, daß in den ersten zwei bis zweieinhalb Stunden Arbeitszeit eine beachtliche Lernmenge aufgenommen wird. Lernen Sie länger, ist die Arbeit nicht effektiv. Dann ist eine Pause von ein bis anderthalb Stunden an der Reihe! Es gibt mit Sicherheit viele Übegewohnheiten, die das Lernen hemmen. Zwei übliche Fehler sind, immer am Anfang eines Stückes zu beginnen und es ganz durchzuspielen, oder solche Passagen zu üben, die schon fehlerfrei angeeignet sind. Eine gründliche Ausarbeitung eines Werkes durch ausschließliches Durchspielen ist nicht möglich: Die Informationsmenge ist einfach zu groß, als daß man sie sich „am Stück" einprägen kann.

Es ist besser, die schwierigsten Stellen in einem neuen Stück herauszusuchen und diese zu lernen, bevor man mit den leichteren Teilen weitermacht. Sonst ist es so, als ob man ein Puzzle zusammenlegt, bei dem die wichtigsten Teile fehlen. Viele von uns praktizieren die „Ich-mache-es-morgen"-Selbsttäuschung bei schwierigen Aufgaben. Daß dieses „Morgen" oft nicht stattfindet, erhöht die Unruhe und Unsicherheit, und diese wiederum erzeugen Lampenfieber. Bedienen Sie sich lieber den Anregungen aus Kapitel 8 („Musiker als Zeitmanager")! Es ist wirkungsvoller, schwierige Stellen ein paar Mal am Tag über eine längere Zeit zu üben, als bis kurz vor einer Aufführung zu warten und dann das gleiche Stück stundenlang in Panik zu üben. Fingersätze, Bogenstriche, Atemzeichen, Dynamik, Lagenwechselrichtung oder grifftechnische Besonderheiten bei Blasinstrumenten und andere wichtige Markierungen sollten stets eingetragen werden. Der Versuch, sich jede Kleinigkeit zu merken und behalten, ist eine sinnlose Verschwendung von Denkenergie. Außerdem bilden das Aufschreiben und dazugehörige Verbalisieren eine Hilfe fürs Einprägen!

Benutzen Sie Korrekturmittel, um unerwünschte Zeichen unsichtbar zu machen. Muten Sie Ihrem Gehirn nicht dauernd die Entscheidung „ausführen – ja oder nein?" zu!

Wenn der musikalische Stoff zu lange ohne jegliche neue Motivierung einstudiert wird, kann ein Lernplateau entstehen. Der Fortschritt am Anfang eines Stücks sinkt bald ab, und es kann sogar passieren, daß trotz des stetigen Übens keine Verbesserung eintritt! Weil man am meisten an der Arbeit mit einem neuen Stück lernt, muß ständig ein neues Stimulans gefunden werden, welches einen Anfangsfortschritt auf Dauer ermöglicht. Da Fehler sehr leicht „miteinstudiert" werden, ist es erforderlich, schwierige Stellen immer absolut korrekt zu üben. Eingeübte Fehler sind besonders schwierig zu beheben! Es gibt viele Methoden, schwierige Stellen so umzugestalten, daß sie immer wieder neu erscheinen, zusätzliche Informationen ans Gehirn weiterleiten und eine anhaltende Motivation ermöglichen. „Zwar kann man sich eine musikalische Tonfolge dadurch, daß man sie oftmals wiederholt, auch als Ganzes einprägen, aber sie wird natürlich durch die bloße Wiederholung nur in der jeweils vorhandenen Qualität eingeprägt und verfestigt, nicht aber etwa verbessert. Und verfestigt werden auch alle Fehler, Schwächen und Ängste, die bei der pauschalen Wiederholung vorkommen." (Mantel, 1987).

Ich werde oft gefragt, ob Durchspielen grundsätzlich falsch wäre. Ich weise dann darauf hin, daß das Gehirn zwar die Werke samt Spieltechnik im Langzeitgedächtnis gespeichert hat. Nur müssen wir diese Information ab und zu abrufen, sonst wird sie ins Unterbewußtsein „verlegt" und steht nicht schnell zur Verfügung. Das Werk wird dadurch jedoch nicht unbedingt besser beherrscht. Wenn ich also „Stellen" lernen, mir aneignen will, muß ich für Wiederholungen sorgen und zwar mit absoluter Aufmerksamkeit (siehe „Super-Üben", „Übe-Karusell" u.a. aus Kapitel 5!). Die äußeren Umstände beim Üben sind auch sehr wichtig. Sie beeinflussen in unschätzbarem Ausmaß die Lernleistung in positiver bzw. negativer Weise. Suchen Sie einen geeigneten Arbeitsplatz aus und üben Sie als Motivationsauslöser möglichst immer nur dort und, wenn möglich, immer zur gleichen Zeit!

DAS MENTALE TRAINING

7.0. GEDANKEN ALS LEISTUNGSMINDERNDER STÖRFAKTOR

Negative Denkmuster schleichen sich mit den Jahren ein. Es braucht Zeit und eine konsequente Gegenstrategie, diese zu überwinden. Man kann sich seine negativen Gedanken abgewöhnen! Musiker betrachten ihre eigene Leistung und die anderer mit Skepsis und fürchten die negativen Folgen eines Mißerfolgs. Statt sich auf eigene Stärken zu besinnen, beschäftigen sie sich mit „Was-ist-wenn"-Ängsten. Obwohl jeder von uns von Zeit zu Zeit an negativen Gedanken „knabbert", ist es möglich, etwas gegen übermäßig negative Einstellungen, die nur Schaden anrichten, zu unternehmen.

7.1. DIE SOUVERÄNITÄT DER GEDANKEN

✔ Beobachten Sie eine Woche lang Ihre Gedanken! Spüren Sie wie ein Jagdhund die negativen Gedanken auf und schreiben Sie sie auf! Sie werden überrascht sein, wieviele solcher Gedanken Sie haben! Unterdrücken Sie nichts: nur beobachten und aufschreiben!

✔ In der zweiten Woche: Schreiben Sie die häufig wiederkehrenden Störgedanken ins Positive um! Hängen Sie diese Sätze in Sichthöhe in Ihrer Umgebung auf! Sprechen Sie bei jedem Hinschauen diese positiven Umformulierungen laut!

✔ In der dritten Woche: Halten Sie pessimistische Überlegungen abrupt durch ein laut gesprochenes oder gedachtes STOP an! Sie dulden diese Störenfriede einfach nicht mehr!

✔ Bei hartnäckigen Gedanken, die die Leistungsfähigkeit beeinträchtigen, wird der Gedankenstopp mit einer positiven Aussage gekoppelt. Diese sogenannten Affirmationen helfen, Probleme unterschiedlichster Art zu bewältigen. „Konstruktive Selbstgespräche halten das Selbstvertrauen aufrecht, zerstörerische Eigenkonversationen untergraben es und werden, meist von uns unbemerkt, zu einer Quelle des Stresses."
(Stemme/Reinhardt, 1992) Der Unterschied zwischen Gewinner- und Verlierer-Typen ist oft nur ein gedanklicher!!

✔ Schreiben Sie Ihre Affirmationen auf kleine Karten, die Sie überall hin mitnehmen. Sprechen Sie diese bekräftigenden Sätze sooft Sie können. Nach einer Tiefen-Entspannung sind diese Schlüsselsätze noch effektiver.

✔ Sagen Sie vor einer vertrauten Person Ihre Affirmation mit viel Ausdruck und Überzeugung auf! Der Partner gibt diese Sätze mit der gleichen Bestimmtheit als Anrede wieder, zum Beispiel:
Person A: „Ich bin völlig konzentriert und entspannt."
Person B: „Du bist völlig konzentriert und entspannt."
Person A: „Ich glaube an mich!"
Person B: „Du glaubst an dich!"
Person A: „Ja!"

Beispiele solcher positiven Aussagen sind:

Ich bin ruhig.
Ich denke klar und konzentriert.
Ich bin gut gelaunt und munter.
Diese Aufgabe packe ich.
Ich denke positiv und bin zufrieden.
Ich bin in Bestform.
Mir macht das Singen Spaß!
Ich freue mich darauf, daß ich vorspielen werde!
Meine Finger sind flink und schnell.

Gedanken steuern Ihre Leistung!

Das innere Gespräch soll zwar realistisch sein, aber Ihre Leistung nicht begrenzen. Es soll konstruktiv und aufbauend gestaltet sein. Affirmationen sind immer positiv und in der Ich-Form zu formulieren. Affirmationen für:

Allgemeines Wohlbefinden

✔ Ich bin ganz ruhig.

✔ Ich atme ruhig ein und aus.

✔ Ich fühle mich wohl.

✔ Ich bin stark und vital.

Arbeits-und Musiziermotivation

✔ Ich singe gern

✔ Ich spiele das Werk sehr gern.

✔ Ich bin aufmerksam und konzentriert.

✔ Ich komme voran.

✔ Ich bin voll Energie und Spiellust.

✔ Arbeit macht Spaß.

✔ Das Üben bringt mich weiter.

Auftrittsicherheit

✔ Ich gebe mein Bestes.

✔ Ich bin EINS mit dem Publikum.

✔ Ich freue mich darauf, vorzuspielen.

✔ Ich habe mich für das Konzert gut vorbereitet.

Gute Laune

✔ Ich musiziere aus Freude.

✔ Musizieren macht mir Spaß.

✔ Ich habe ausgezeichnete Laune, egal was kommt.

✔ Meine gute Stimmung bleibt.

Wachsamkeit und Frische

✔ Ich bin frisch und voll da.

✔ Ich bin wach und vital.

✔ Ich bin sicher und stark.

✔ Ich fühle mich ausgeruht.

✔ Ich fühle mich heiter und aufmerksam.

Ihr Körper spiegelt Ihre Gedanken.

Vorstellungsbilder und Gedanken haben auf unser seelisches und körperliches Befinden einen gewaltigen Einfluß. Solange Sie sich angstauslösende Gedanken gestatten, ist es unmöglich, daß Sie ruhiger und gelassen werden. So trainieren Sie immer und immer wieder, in Streßsituationen Angst zu bekommen. Positive Gedanken wiederum verändern Ihre Wahrnehmung, d.h. Sie empfinden Situationen nicht mehr als negativ und bedrohlich.

Auch im Bereich der Streß- und Angstbewältigung ist die Visualisation wirksam und bewirkt, daß belastende Momente ihren beängstigenden Charakter verlieren. Hierdurch können Angstsituation vorweg „entschärft" werden.

Sie können die Fähigkeit, sich im Geiste in mögliche, zukünftige und vergangene Situationen hineinzuversetzen, zu Ihrem Vorteil nutzen:

Entspannen Sie sich mit der verlängerten Ausatmung! Spüren Sie, wie Sie mit jedem Ausatmen ruhiger und entspannter werden! Stellen Sie sich vor, wie Sie sich in der Vorspielsituation genauso verhalten und das Vorspiel genauso verläuft, wie Sie es wirklich möchten. Benutzen Sie alle Sinne, um das Bild noch lebendiger zu machen! Welche Kleidungsstücke tragen Sie? Ist der Raum kühl? Etwas wärmer? Welche Geräusche nehmen Sie wahr? Sehen Sie aufmerksame, vergnügte Menschen? Wie sieht der Raum aus? Schauen Sie den Platz an, an dem Sie auftreten werden. Wie schreiten Sie dahin? Wie fühlt sich Ihr Körper unmittelbar vor dem Vorspiel/Vorsingen an? Wie atmen Sie?… Stellen Sie sich vor, wie Sie sich zufrieden verbeugen und erfolgreich aus dem Saal gehen!

Nun entspannen Sie sich noch ca. eine Minute! Machen Sie dann die Augen auf und räkeln und strecken Sie sich!

<u>Noch einige Hilfen, wenn vorgestellte Bilder Sie beunruhigen:</u>

✔ Machen Sie in der Vorstellung das unangenehme Bild ganz klein!

✔ Machen Sie das Bild sehr dunkel oder auch ganz hell!

✔ Lassen Sie das Bild gänzlich verschwinden, und lassen Sie dafür ein vertrautes, positives Bild erscheinen!

7.2. MENTALE STÄRKE

Schritt 1: Entspannen Sie sich, werden Sie innerlich ganz ruhig, und lösen Sie folgende positiven Gefühle aus:

- ✔ Das Gefühl von Freude oder Spaß!

- ✔ Ein positives und optimistisches Gefühl!

- ✔ Das Gefühl von Zuversicht und Entschlossenheit!

- ✔ Innere Gelassenheit und Selbstvertrauen!

Wie haben Sie es angestellt, diese Gefühlszustände auszulösen?

Schritt 2: Wiederholen Sie in Ihrer Vorstellung die Bedingungen, denen Sie sich voraussichtlich im nächsten Konzert oder in der nächsten Prüfung gegenübergestellt sehen! Schaffen Sie ein so klares und lebendiges Bild wie möglich von dem, was Sie wahrscheinlich erleben werden. Jetzt lösen Sie simultan ein positives Gefühl aus, das Sie in Schritt 1 abgerufen haben. Sehen Sie sich, wie Sie mit schwierigen Spielsituationen umgehen, während Sie gelassen, entspannt und völlig konzentriert bleiben sowie voll positiver Energie stecken!

Atmen Sie nun tief ein und aus! Zählen Sie von fünf bis eins und bei eins öffnen Sie die Augen! Recken und strecken Sie sich, um Ihren Kreislauf wieder in Gang zu bringen!

Folgende Übung wurde angeregt durch meine Arbeit mit NLP (Neurolinguistisches Programmieren): Suchen Sie sich eine Situation aus, die Ihnen die nötigen inneren Stärken vermittelt!

Setzen Sie sich hin und machen Sie es sich ganz bequem! Sie haben Zeit, sich Ruhe und Stille zu gönnen… Genießen Sie diese immer tieferwerdende Entspannung!

Atmen Sie ganz ruhig!… … Nach und nach verlängern Sie Ihre Ausatmung, bis Sie eine tiefe Ruhe empfinden. Sie halten die Luft nicht an, sondern Sie nehmen sich für Ihre Ausatmung mehr und mehr Zeit… !

Denken Sie zurück in die Vergangenheit und erinnern Sie sich an eine Situation, wo Sie

✔ mutig waren

oder

✔ gelacht haben

oder

✔ Liebe gespürt haben

oder

✔ effektiv und organisiert waren.

Lassen Sie diese angenehmen Gefühle Ihnen erneut Freude bringen!

Hören Sie angenehme Worte oder Töne? Lassen Sie das innere Bild noch farbiger werden!

Rücken Sie dieses innere Bild etwas näher, vergrößern Sie es! Wenn Sie sich ganz wohlfühlen und das innere Bild vergnügt betrachten, fassen Sie sich an das linke Ohrläppchen, um dieses Gefühl zu verankern! Machen Sie das mindestens viermal hintereinander, um das Gefühl zu verstärken und verankern! Wenn Sie dieses Gefühl brauchen und „abrufen" wollen, fassen Sie sich an das linke Ohrläppchen! Das positive Gefühl breitet sich erneut in Ihnen aus. Das nächste Mal, wenn Sie Lampenfieber, Prüfungsangst, Selbstzweifel o.ä. spüren, lösen Sie Ihr positives Gefühl durch Ihren Anker aus!

7.3. LAMPENFIEBER ABBAUEN

Erhöhte Spannung vor einem Konzert ist etwas ganz Normales und ist wichtig für einen „spannenden" Vortrag. Kippt diese gespannte Vorfreude in Angst um, wird die Leistung beeinträchtigt, was die Angst beim nächstmaligen Konzert steigert. Um die Angst bei belastenden Situationen zu entschärfen, können wir folgende Schritte erst in der Vorstellung und dann real durchwandern:

- ✔ In einem bekannten Raum allein musizieren.

- ✔ In einem fremden Raum allein musizieren.

- ✔ In einem Vortragssaal allein musizieren.

- ✔ In einem bekannten Raum allein musizieren und auf Tonkassette aufnehmen.

- ✔ In einem fremden Raum allein musizieren und auf Tonkassette aufnehmen.

- ✔ In einem Vortragssaal allein musizieren und auf Tonkassette aufnehmen.

- ✔ In einem bekannten Raum einem vertrautem Menschen vorspielen / vorsingen.

- ✔ In einem bekannten Raum mehreren Freunden vorspielen / vorsingen.

- ✔ In einem bekannten Raum dem Lehrer vorspielen / vorsingen.

- ✔ In einem Vortragssaal einem vertrauten Menschen vorspielen und auf Tonkassette aufnehmen.

- ✔ In einem Vortragssaal mehreren Freunden vorspielen / vorsingen.

- ✔ In einem Vortragssaal dem Lehrer vorspielen / vorsingen.

- ✔ In einem Vortragssaal dem Lehrer vorspielen / vorsingen und ein Freund nimmt auf Video auf.

- ✔ In einem Vortragssaal musizieren, Lehrer und Freunde hören ruhig zu.

- ✔ In einem Vortragssaal vorspielen während Lehrer und Freunde leichte bis mittelschwere Störungen wie Kichern, Papierraascheln, aufstehen, 'raus und 'rein gehen, mit einem Schlüsselbund spielen, sprechen, sehr nah sitzen (nicht berühren!) u.ä. verursachen, um Störsituationen zu üben.

Natürlich müssen nicht alle Situationen geübt werden! Suchen Sie die für Sie erforderlichen heraus!

Übung für die Entspannung unter Druck

Da „sich entspannen" allein meistens mit Übung gut funktioniert, lasse ich meine Seminarteilnehmer „vor-entspannen"! Ein Teilnehmer setzt sich vor den anderen Teilnehmer und wird an ein Biofeedback-Meßgerät „angeschlossen". Gelingt es der

Person, sich durch Atmung, innere Bilder o.a. ihre Erregung vor Publikum zu reduzieren, deutet ein akustisches und optisches Signal diese Entspannung an.

<u>Der Angst die Tür zeigen!</u>

Beim nächsten Mal, wenn Sie erhöhte Nervosität vor einem Auftritt spüren, versuchen Sie folgendes: Lassen Sie Ihre Angst einfach vor der Tür! Versprechen Sie Ihrer Angst, Sie holen sie gleich nach dem Vortrag wieder ab! Vielleicht ist die Angst verschwunden, wenn Sie wiederkommen!

Eine Freundin probierte in ihrer Not diese Idee aus. Sie hatte eine unbändige Angst vor einem wichtigen Interview. Noch im Auto unter Schweißausbrüchen und Panikgefühl leidend, entschied sie sich, diese Technik zu probieren. Merkwürdig: Obwohl sie ihrer Angst „versprach", nach dem (sehr erfolgreichen) Gespräch zurückzukommen, war die Angst nicht mehr da! Ihre Tochter (4 Jahre) nutzt diese Idee, wenn sie im tiefen Wasser schwimmen soll. Ihre Angst wartet allerdings ganz geduldig am Rand des Pools, bis die kleine Julia sie wieder pflichtbewußt abholt!

7.4. WIE SIE IHREN AUFTRITT ÜBEN KÖNNEN

Wenn Sie sich nachstehende Schritte immer vor Augen halten, wird Ihnen das helfen, Ihren Auftritt entspannter und mit mehr Selbstvertrauen und Begeisterung zu meistern. Gehen Sie Ihren Auftritt im Geiste regelmäßig durch, indem Sie sich ein gutes Vorspiel, ein perfektes Vorsingen vorstellen!

Holen Sie sich vor Ihr geistiges Auge ein Bild darüber, wie Sie aussehen, wenn Sie gut spielen oder singen! Achten Sie in Ihrem Inneren auf die Töne und Klangfarben wenn Sie gut spielen oder singen! Erschaffen Sie alle diese Klänge wieder und zwar so lebhaft und klar wie möglich! Rufen Sie so klar wie möglich im Geiste alle körperlichen Empfindungen wach, die Sie verspüren, wenn Sie gut spielen oder singen! Richten Sie Ihre gesamte Aufmerksamkeit auf jegliche körperliche Empfindung, die Sie mit einem guten Spiel in Verbindung bringen!

Nun stellen Sie Ihre Visualisierungspraktik auf die Zukunft um:

Zuerst wiederholen Sie in Ihrer Vorstellung die Bedingungen, denen Sie sich voraussichtlich im nächsten Konzert oder in der nächsten Prüfung gegenübergestellt sehen. Schaffen Sie ein so klares und lebendiges Bild wie möglich von dem, was Sie wahrscheinlich erleben werden! Jetzt lösen Sie simultan den emotionalen Gefühlszustand aus, der Ihre besten Leistungen begleitet! Sehen Sie sich, wie Sie mit schwierigen Spielsituationen umgehen, während Sie gelassen, entspannt und völlig konzentriert bleiben sowie voll positiver Energie stecken!

Probieren Sie aus, ob Ihre geplante Abend- oder Auftrittsgarderobe Sie in irgendeiner Weise behindert oder stört!

Proben Sie Ihren Auftritt! Versuchen Sie, einen Übungsraum zur Verfügung gestellt zu bekommen, der jenem ähnlich ist, in dem Sie musizieren sollen.

Proben Sie auch einmal vor Freunden, vor der Familie, vor dem Hund!

Sprechen Sie mit den Probezuschauern über deren Eindrücke!

Bauen Sie notwendige Veränderungen ein!

Nehmen Sie sich selbst auf Video auf (Stativ), einmal, wenn Sie alleine sind, einmal, wenn Zuhörer dabei sind!

Halten Sie ein oder zwei Generalproben im Saal! Üben Sie den Zugang zur Bühne! Sind Türen, Treppen, Vorhänge o.ä zu bewältigen? Ist der Boden glatt? Viele Künstler nehmen kleine Teppiche – gegen glatte Stühle oder Böden – Pulte, bis hin zum eigenen Stuhl mit ins Konzert!

Haben Sie Ersatzteile wie Saiten, Rohre, Zweitbogen usw. immer dabei! Eine kaputte Saite ist keine Blamage, kein Ersatz eine Katastrophe!

Lächeln Sie! Lächeln wirkt sympathisch und stellt eine Beziehung zum Publikum her. Wenn Sie sich auf Ihre Zuhörer einstellen und positiv denken, wirkt ein Lächeln natürlicher.

Üben Sie Ihre Verbeugung, damit Sie lernen, mit dem Instrument, den Armen und Beinen einig zu werden!

Spielen Sie mindestens einmal in Ihrer Abendgarderobe! Frauen zum Beispiel, die öfters Hosen tragen, fühlen sich häufig im Abendkleid verlegen und ungewohnt.

Ihr Herzschlag ist erheblich höher vor und in den ersten Minuten Ihres Auftritts. Um auch diese Situation zu üben, laufen Sie Treppen hoch und runter oder joggen Sie eine Weile am Platz! Messen Sie Ihren Puls! Zwischen 130 und 160 entspricht einer beträchtlichen Nervosität! Spielen Sie das erste Stück Ihres Programms!

Folgende Übungen können Sie für die Eigenkontrolle auf Video aufnehmen:

Treten Sie viermal mit unterschiedlicher Einstellung in einen Raum ein.

✔ unsicher, ängstlich;

✔ hochnäsig, eingebildet;

✔ optimistisch, mutig, unternehmungslustig;

✔ selbstsicher, in sich ruhend!

Woran haben Sie gedacht, um so auszusehen?

Was hatten Sie für eine Körperhaltung?

Mimik?

Woran erkennt man Menschen, die so wirken?

Probieren Sie verschiedene Stimmungen aus wie freudig, deprimiert, entspannt sein, während des Umhergehens im Raum.

Lernen Sie, das Zusammenwirken von Körperhaltung und Stimmung zu erkennen!

65 ——————

Für eine Gruppe (mit Videokontrolle):

Jeder Teilnehmer erhält einen Gegenstand (Seil, Reifen, Stock usw.), überlegt und übt ca. 3-5 Minuten drei verschiedene Bewegungen ein, die er dann „dem Publikum" vorführt. Wem gelingt die beste Darbietung? Warum? Nach einer Besprechung bzw. Diskussion können (wenn erwünscht) die Gegenstände ausgetauscht und die Übungen nochmals versucht werden. Was war jetzt besser? Wir Musiker machen uns oft nicht klar, daß unser Lampenfieber nicht nur durch Angst vor dem Vor„spielen" kommt. Das Instrument und die Stücke sind uns ja vertraut. Die Vorspielsituation ist ungewohnt und ungeübt – daher das Gefühl von Fremdheit und Ausgeliefertsein.

Treten Sie mit Ihrem Instrument auf die „Bühne"!

Verbeugen Sie sich!

Singen oder spielen Sie ungefähr 2 Minuten lang!

Verbeugen Sie sich!

Verlassen Sie die „Bühne!"

Schauen Sie sich die Videos an und nehmen Sie notwendige Korrekturen vor!

Das Rollenspiel als Prüfungsvorbereitung

Bevor meine Studenten eine Abschlußprüfung haben, sitzen andere Teilnehmer des Kurses mit mir an einem Tisch. Der „Prüfling" muß den Raum betreten, sich unseren Fragen aussetzen, vorspielen, aus dem Stegreif über ein Thema sprechen u.ä. Obwohl der Vorgang auf Video aufgenommen wird, lasse ich die Teilnehmer ihre Beobachtungen aussprechen. Sie geben dem Prüfling Tips, wie er die Präsentation erfolgreicher gestalten kann, und wir üben wirkungsvolle Kommunikationstechniken als nonverbale Signale und verbale Äußerungen ein. Auch hier hat sich das Üben bewährt!

7.5 COUNTDOWN – DER GROSSE TAG

Nun ist der große Tag da! Haben Sie schlecht geschlafen? Dank den Entspannungstechniken huschte die Nacht wie im Traum vorbei? Nein?! Selbst eine unruhige Nacht kann von Vorfreude abgefangen werden. Also: Keine Panik! Holen Sie die Nacht morgen nach! Heute Nacht wird gefeiert!

Aber erst ein paar Worte zum Tag: Da der Tag wichtig ist, sollten Sie sich doch ein paar Gedanken um dessen Ablauf machen. Verbringen Sie die Vormittagsstunden so normal wie möglich. Nach einer kurzen Entspannung gehen Sie ruhig und langsam Ihre Stücke durch. Legen Sie alle benötigten Sachen, wie Kleidung, Pult, Ersatzteile, Noten usw. zurecht, damit Sie später nicht hetzen müssen! Stärken Sie sich psychisch und vermeiden Sie Verunsicherungen durch Sie selbst und durch andere Menschen!

Es lohnt sich, mindestens eine halbe Stunde in völliger Ruhe zu liegen. Körperliche Entspannung bringt auch eine geistige Befreiung mit sich. Sorgen Sie für Sauerstoffzufuhr und „Tapetenwechsel", indem Sie einen ausgedehnten Spaziergang machen! Sie sind doch bestens vorbereitet, die Arbeit ist geleistet! Lösen Sie Ihre positiven Anker aus; visualisieren Sie, was Sie nach dem Konzert unternehmen möchten! Die Freude darauf lenkt ab.

Erscheinen Sie eine Stunde vor dem Auftritt, das schafft ein erhöhtes Sicherheitsgefühl! Gewöhnen Sie sich an den Raum, bauen Sie in Ruhe auf! Singen Sie laut los! Jawohl, Singen befreit und verblüfft unsere kritische linke Gehirnhälfte!

Ziehen Sie sich eine halbe Stunde vor dem Auftritt zurück! Machen Sie sich noch schöner, gehen Sie ein letztes Mal auf die Toilette, polieren Sie Ihr Instrument! Um sich zu sammeln, in der Garderobe fünf Minuten in eine tiefe Ruhe versinken (Sie können sogar eine brennende Kerze anstarren)! Aktivieren Sie sich, atmen Sie ein paar Mal tief ein und aus, wiederholen Sie Ihre inzwischen längst vertrauten Affirmationen! Rufen Sie das Gefühl der Freude und Begeisterung ab!

Viel Spaß! Ist doch toll, das Musikerleben!

MUSIKER
ALS ZEITMANAGER

Uns allen steht pro Tag die gleiche Zeit zur Verfügung: 24 Stunden, auch wenn einst Abraham Lincoln witzelte, wem das nicht reiche, der könne die Nacht noch dazunehmen. Die Entscheidung, mit welchen Zielen diese Zeit ausgenutzt werden kann und soll, spielt eine enorme Rolle für das Selbstbewußtsein und ist maßgebend für den Erfolg. Nur wer seine Arbeit kurz- und langfristig plant, kann gezielt und sinnvoll ohne Umwege und Zeitverluste lernen.

Setzen Sie sich bei Ihrer Auftrittsvorbereitung genaue Ziele! Vermeiden Sie seelischen Druck, indem Sie das wichtigste und dringlichste zuerst erledigen (wobei beides nicht unbedingt ein und dasselbe sein muß!)! Legen Sie zu Beginn jeder Arbeitsphase Ihre kurzfristigen Ziele fest (schriftlich!), also: was, wie und in welcher Reihenfolge Sie erledigen wollen! Wenn Sie sich langfristige Ziele setzen, werden die kurz- und mittelfristigen klarer: „Weil ich den 1. Satz des Schumann-Konzerts in 8 Monaten vorspielen möchte, was muß ich dann bis zu welchem Zeitpunkt geschafft haben?" (Vorschläge für das „Wie" gibt's in diesem Buch genug!). Also:

- ✔ Was soll getan werden?

- ✔ Warum soll es getan werden?

- ✔ Wie soll ich es tun?

- ✔ Bis wann soll ich es getan haben?

„Wer das Ziel nicht kennt, wird den Weg nicht finden." (Morgenstern)

Bewußt gesteckte Ziele verlangen nicht nach Selbstdisziplin, sondern stärken sie durch erhöhte Selbstmotivation. Durch das Setzen von Zielen und Prioritäten wird eine Konzentration der Kräfte zur Erledigung drängen. Die geschafften Aufgaben von heute leiten die Zufriedenheit und Selbstsicherheit von morgen ein.

Ohne Ziel wissen wir nicht, wohin unsere Bemühungen uns führen. Eine Art „Überraschungs-Lernen" gibt es nur selten, aber wie oft üben Musiker ins Blaue hinein?

Ich war einmal Üb-Beraterin für einen Studenten der Klarinette. Er wollte sich erst einmal durch Tonleitern aufwärmen. Während er brav die Tonleiter „hochkletterte", habe ich mich gefragt, ob er nicht mehr mit dieser Übung erreichen könnte, als nur warme Lippen. Der Student war spürbar konsterniert, als ich ihn fragte, warum er dies tat und was sein Ziel sei. Nun ja, er wollte die Töne schon schöner machen, und überhaupt: Sein Lehrer hatte ihm die Übung vor Jahren aufgegeben! Er hat diese verflixte Tonleiter dreimal gespielt, aber von Verbesserung war keine Spur festzustellen. Wir haben dann nur einen Ton genommen und durch mentales / aktives Üben innerhalb von drei bis vier Minuten enorme Fortschritte gemacht. „Nun", könnten Sie sagen, „ich kann nicht für jeden Ton fünf Minuten aufbringen!" Bedenken Sie jedoch folgendes: Erstens hat diese Arbeit einen Transfereffekt auf das gesamte Spiel, und zweitens überlegen Sie sich einmal, daß dieser Student und unzählige Musiker in den Jahren Stunden die Tonleiter hoch- und runtergejagt sind! Ist das Arbeitsökonomie? Übrigens hat unsere Arbeit auch bei den ungeübten Tönen Früchte getragen!

Nehmen Sie sich jetzt fünf bis zehn Minuten Zeit und schreiben Sie eine Liste der Ziele, die Sie innerhalb der nächsten drei Jahre erreichen wollen! Werten Sie noch nicht aus, sondern schreiben Sie alles auf, was Ihnen spontan einfällt!

Die nächsten zehn Minuten sind für die Ziele des laufenden Jahres bestimmt.

In den nächsten zehn Minuten denken Sie über die Ziele für diesen Monat nach.

Sie haben nun drei Listen mit langfristigen, mittelfristigen und kurzfristigen Zielen. Gehen Sie Ihre Listen jetzt durch und schreiben Sie ein A neben die sehr wichtigen Ziele, dann ein B neben wichtige Ziele und schließlich ein C neben die weniger wichtigen Ziele.

Unterteilen Sie wiederum alle Ziele nach Ihrer Wichtigkeit:

A-1, A-2, A-3 usw.
B-1, B-2, B-3 usw.
C-1, C-2, C-3 usw.

Suchen Sie nun die allerwichtigste Priorität (A1) für jedes Zeitziel (drei Jahre, ein Jahr, ein Monat) aus und schreiben Sie sie auf jeweils ein Blatt Papier! Listen Sie darunter die persönlichen Gründe auf, warum Sie dieses Ziel erreichen wollen!

Schreiben Sie jetzt auf, was Sie tun müssen, um das Ziel zu erreichen! Das sind die kurzfristigen Ziele, die Sie zu Ihrem wichtigsten Ziel führen! Nun teilen Sie diese kurzfristige Ziele in kleine, erreichbare Schritte ein. Das sind die unmittelbaren Ziele, Ihre A-Aufgaben, die Sie zu Ihrem wichtigsten Ziel führen! Benutzen Sie dafür den Zielplaner:

Wenn Sie den Zielplaner kopieren, haben Sie eine Vorlage für Ihre restlichen Prioritäten. Versuchen Sie dann, zwei A-Aufgaben pro Tag zu bewältigen.

Beschreiben Sie die A-Aufgaben, die Sie zur Zeit ausführen wollen:

Wiederholen Sie den Vorgang der Ziel- und Aufgabensetzung für die restlichen A-Ziele! Danach packen Sie die B-Ziele an!

Zielsetzung beim Üben

Wenn Sie üben, erledigen Sie hauptsächlich A- und B-Aufgaben. Routine und unwichtige Aufgaben (C) sollten als Ballast verworfen werden, wenn Sie keinen Lerngewinn bringen. Das „symptomatische Üben" muß gemieden werden, um Fortschritte zu erzielen. Fragen Sie sich frech „Was habe ich von dieser Übung?" oder: „Bringt mich das Durchspielen dieser Stelle weiter?" Zeit ist begrenzt. Verschenken Sie keine kostbare Übe-Minute. (Haben Sie gemerkt, daß ich die wenig wichtigen C-Ziele unter den Tisch fallen ließ? Machen Sie das Gleiche!)!

Bis zu 85% der Wertigkeit gilt den A- und B-Aufgaben, obwohl sie nur ca. 35% der Zeit in Anspruch nehmen! C-Aufgaben – das können Sie sich selber ausrechnen – verschlingen 65% Ihrer Zeit, bringen Ihnen aber nur 15% Gewinn!

Nun kommt die Tagesplanung, und zwar schriftlich!

ZIELPLANER FÜR EINE A-PRIORITÄT

Priorität _____ Anfangsdatum _____

Datum abgeschlossen _____ (Bravo!)

Schritt:

_____ fertig bis: _____

_____ erledigt: _____

_____ fertig bis: _____

_____ erledigt: _____

_____ fertig bis: _____

_____ erledigt: _____

_____ fertig bis: _____

_____ erledigt: _____

_____ fertig bis: _____

_____ erledigt: _____

_____ fertig bis: _____

_____ erledigt: _____

_____ fertig bis: _____

_____ erledigt: _____

_____ fertig bis: _____

_____ erledigt: _____

ZM 00020

ZIELPLANER FÜR EINE B-PRIORITÄT

Priorität _____ Anfangsdatum _____

Datum abgeschlossen _____ (Bravo!)

Schritt:

_____ fertig bis: _____

_____ erledigt: _____

_____ fertig bis: _____

_____ erledigt: _____

_____ fertig bis: _____

_____ erledigt: _____

_____ fertig bis: _____

_____ erledigt: _____

_____ fertig bis: _____

_____ erledigt: _____

_____ fertig bis: _____

_____ erledigt: _____

_____ fertig bis: _____

_____ erledigt: _____

_____ fertig bis: _____

_____ erledigt: _____

ZM 00020

Warum Tagespläne?

Sie beginnen jeden Tag ohne Mißerfolg, haben kleine, überschaubare Einheiten, Sie schließen den Tag mit einem Erfolgsgefühl ab, was die Eigenmotivation für die Aufgaben der nächsten Tage erhöht. ERFOLG MOTIVIERT!

Warum schriftlich?

- ✓ Pläne im Kopf können leichter vergessen und umgeworfen werden. („Ich mache mal eben lieber eine leichte C-Aufgabe, weil die Zeit etwas knapp ist.").

- ✓ Schriftliche Planung entlastet das Gedächtnis.

- ✓ Die Konzentration wird erhöht, weil weniger Ablenkungsgefahr droht. („Ach ja, fällt mir ein, da muß ich unbedingt noch… ").

- ✓ Die Ergebnisse können kontrolliert werden („Durch diese zwei A-Aufgaben kann ich einen Strich machen – sie sind erledigt!").

- ✓ „Extrazeit" als Puffer für Unerwartetes oder für Störfaktoren wird eingeplant.

- ✓ Die nicht erledigten Aufgaben können auf den nächsten Tag übertragen werden.

- ✓ Das Erfolgsgefühl wird durch den Aktivitätsnachweis gefördert.

Wenn Sie Ihren Tagesplan ausfüllen, setzen Sie sich selbst eine Zeitgrenze! Circa 60% der Zeit sind für geplante Aktivitäten und Aufgaben, 20% erlauben Sie sich für Störungen wie Telefon, Besuche, aufgeschobenes und verzögertes Anfangen („Aufschieberitis"). Lernen Sie auch „NEIN" zu sagen, um mehr Zeit für Wesentliches zu haben! Berücksichtigen Sie Ihre Tagesleistungskurve, damit A- und B-Aufgaben während leistungsstarken Tageszeiten in Angriff genommen werden können! Wie sinnlos, morgens abzuwaschen, wenn Sie gerade dann blitzschnell denken und leistungsfähig sind! Also los! Tagesplan ausfüllen!

TAGESPLANER

Zeit		Termine	ok
08			
09			
10			
11			
12			
13			
14			
15			
16			
17			
18			
19			
20			
21			
22			
23			

Prior.	Zeit	Aufgaben	ok

ZM 00020

ZUM SCHLUSS

Geschafft! Haben wir es geschafft, oder sind Sie nur „geschafft"? Immerhin, herzlichen Glückwunsch, Sie haben bis zum – doch bis zum gar nicht bitteren, sondern hoffnungsfrohen – Ende durchgehalten, und Sie werden sehen, es hat sich gelohnt und wird sich lohnen! Lassen Sie sich durch manchen Rückfall nicht entmutigen, andere falsche Gewohnheiten legt man ja auch nicht so ganz einfach ab! Einfach wieder: Entspannen, und noch 'mal die Übung! Ist die Zappeligkeit gar zu groß und die innere Unruhe vielleicht wegen eines drängend anstehenden Problems zu vorherrschend, verlegen Sie die Übung auf einen späteren Zeitpunkt, nur nicht auf „morgen"! Angstfreies und brillantes Musizieren ist der winkende Lohn!

DANKSAGUNG

Mein Dank gilt der Verlegerin Frau Maja-Maria Reis und den Herren Friedhelm Neubert und Peter Rücker vom Musikverlag Zimmermann für die verlegerische und herstellerische Betreuung des Buches; Mechthild und Peter Lamprecht, Jens Langeheine und Dr. Hans-Joachim Liesner für die Unterstützung beim Korrekturlesen.

LITERATURHINWEISE

* = Bücher, die in diesem Buch zitiert werden

BÜCHER ZUM THEMA MENTALES TRAINING

Brüggebors, Dr. G.: Mehr vom Leben durch mentales Training, München 1991

Castorri, A.: Mental Aerobics, New York 1992

Doulliard, J.: Body, Mind and Sport, New York 1994

Eberspächer, Prof. Dr. H.: Mentale Trainingsformen in der Praxis, München 1992*

Eggetsberger, G./Eder, K.-H.: Das neue Kopftraining der Sieger, Wien, München, Zürich, 1991

Gallwey, T.: Tennis und Psyche – Das Innere Spiel, München, 1977

Gallwey, T./Green, B.: The inner Game of Music (Der Mozart in uns), New York 1986

Millmann, D.: The inner Athlete, New Hampshire 1994

Loehr, J. E.: Tennis im Kopf – Der mentale Weg zum Erfolg, München, Wien, Zürich, 1991

ders.: Persönliche Bestform durch Mental-Training, München, Wien, Zürich, 1991

Orlick, T./Partington, J.: Psyching for Sport: Mental Training for Athletes, Champaign/Ill., 1986

Porter, K./Foster, J.: Mental Training – Der Weg zum Erfolg, München, Wien, Zürich, 1988

Railo, W.: Besser sein, wenn's zählt – Wege zum Erfolg in Sport und Beruf, Friedberg 1986

Schubert, F.: Psychologie zwischen Start und Ziel, Berlin, 1981

Singleton, S.: Intelligent Tennis, Crozet/VA 1988

Sonntag, R.: Das mentale Training – Durch Imagination konkrete Ziele erreichen, Düsseldorf 1989

* Stemme, F./Reinhardt, K.-W.: Supertraining – Mit mentalen Techniken zur Spitzenleistung, Düsseldorf 1992

Syer, J./Connolly, C.: Psychotraining für Sportler, Hamburg 1987

Syer, J.: Teamgeist, Hamburg 1991

Tarr-Krüger, I.: Lampenfieber – Ursachen/Wirkung/Therapie, Stuttgart 1993

Tepperwein, K.: Kraftquelle Mental-Training, München 1993

Terry, P.: Mental zum Sieg, München 1990

Tutko, T./Tosi, U.: Sports Psyching, Los Angeles 1976

Wöbking, W.: Mein Kind – Spielerisch fördern durch mentales Training, München 1991

Zilbergeld, B./Lazarus, A.: Mind Power – Getting What You Want Through Mental Training, New York 1987

Bücher zum Thema Visualisierung

Bry, A.: Visualization: Directing the movies of your mind, New York 1978

Merrit, S.: Mind, Music and Imagery, New York 1990

Naparstek, B.: Stying Well with guided Imagery, New York 1994

Lazarus, A.: Innenbilder – Imagination in der Therapie und als Selbsthilfe, München 1980

ders.: In the Mind's Eye, New York, London 1984

Lazarus, A./Fay, A.: I can if I want to, New York 1975

Gawain, S.: Stell' Dir vor – Kreativ visualisieren, Hamburg 1990

Bücher zum Thema Entspannung

Eberlein, G.: Autogenes Training mit Kindern, Düsseldorf, 1986

Lindemann, H.: Einfach entspannen, München 1984

ders.: Anti-Stress-Programm, München 1977

ders.: Überleben im Stress, München 1977

Olschewski, A: Progressive Muskelentspannung, Heidelberg 1992

Ohm, D.: Progressive Relaxation, Stuttgart 1992

Teml, H.: Entspannt lernen, Linz 1989

Scheufele-Osenberg, M.: Atemschulung, Düsseldorf 1987

BÜCHER ZUM THEMA SELBSTVERWIRKLICHUNG UND SELBSTBEWUSSTSEIN (SELBSTMANAGEMENT)

Birkenbihl, V.: Freude durch Stress, München 1987

dies.: Erfolgstraining, München 1992

Blickhan, D. & C.: Denken, fühlen, leben, München 1992

Brooks, B.: The Self-Esteem Repair & Maintenance Manual, Newport Beach/Cal. 1990

Ceh, J.: Keine Angst vor Prüfungen, München 1993

ders.: Ihr Weg zu mehr Selbstbewußtsein, München 1992

Helmstetter, S.: Anleitung zum positiven Denken, Mannheim 1992

Klein, A.: The Healing Power of Humor, Los Angeles 1988

Merkle, R./Wolf, D.: So überwinden Sie Prüfungsangst, Mannheim 1992

Merkle, R.: Auch du kannst mehr aus Deinem Leben machen, Mannheim 1992

ders.: So gewinnen Sie mehr Selbstvertrauen, Mannheim 1993

Robbins, A.: Unlimited Power, New York 1986

Rubenstein, H.: Lachen macht gesund, München 1987

BÜCHER ZUM THEMA LERNEN

Barrett, S. L.: It's all in your Head, Minneapolis/Min. 1992

Beyer, G.: So lernen Schüler leichter, Düsseldorf 1987

Birkenbihl, V.: Stroh im Kopf, München 1993

Buzan, T.: Nichts vergessen!, München 1987

ders.: Kopf-Training, München 1984

ders.: Use both Sides of your Brain, New York 1991

ders.: Make most of your Mind, New York 1988

Endres, W.: So macht Lernen Spaß, Weinheim, Basel 1987

Teml, H.: Entspannt lernen, Linz 1989

ders.: Zielbewußt üben – erfolgreich lernen, Linz 1989

Vollmer, G./Hoberg, G.: Lern- und Arbeitsstrategien, Stuttgart 1990

Hinkelmann, G./Ferrebouef, M.: Leichter lehren, Bremen 1988

* Vester, F.: Denken, lernen, vergessen, München 1978   79 ——

BÜCHER ZUM THEMA ÜBEN IN DER MUSIK

* Mantel, G.: Cello üben, Mainz 1987

* Leimer, K./Gieseking, W.: Modernes Klavierspiel, Mainz 1970

LINDA LANGEHEINE

ist Dozentin für Cello, Didaktik, Mentales Training und Lehrerausbildung an der MHS Köln. Sie ist erfolgreiche Autorin und Kommunikations-Trainerin; sie ist Trainerin für NLP und hat eine Ausbildung in Suggestopädie.

Veröffentlichungen:

- „Üben mit Köpfchen – Mentales Training für Musiker", Frankfurt 1996

- „Saitenspiele – Ein Wegweiser für den Einzel- und Gruppenunterricht auf dem Violoncello", Frankfurt 2000

- „Üben? ... Und wie?! ... – Die Übefibel mit Tipps und Tricks für ein besseres Üben", Frankfurt 1999

- „Thumbs Up! – Deine erste Fibel für die Daumenlage", Frankfurt 2001

Alle Veröffentlichungen im Musikverlag Zimmermann